寓教于乐

杨晓红　凌　琳／著

区域小学语文
教研文化研究与实践

世界图书出版公司
WORLD PUBLISHING CORPORATION

图书在版编目（CIP）数据

寓教于乐：区域小学语文教研文化研究与实践 / 杨
晓红，凌琳著 . -- 北京：世界图书出版公司，2019.6
ISBN 978-7-5192-6325-6

Ⅰ . ①寓… Ⅱ . ①杨… ②凌… Ⅲ . ①小学语文课—
教学研究 Ⅳ . ① G623.202

中国版本图书馆 CIP 数据核字（2019）第 111100 号

书　　　　名	寓教于乐：区域小学语文教研文化研究与实践
（汉语拼音）	YUJIAO YULE : QUYU XIAOXUE YUWEN JIAOYAN WENHUA YANJIU YU SHIJIAN
著　　　者	杨晓红　凌　琳
总　策　划	吴　迪
责 任 编 辑	王林萍　张小娅
装 帧 设 计	刘　岩
出 版 发 行	世界图书出版公司长春有限公司
地　　　址	吉林省长春市春城大街 789 号
邮　　　编	130062
电　　　话	0431-86805551（发行）　0431-86805562（编辑）
网　　　址	http://www.wpcdb.com.cn
邮　　　箱	DBSJ@163.com
经　　　销	各地新华书店
印　　　刷	三河市燕春印务有限公司
开　　　本	787 mm × 1092 mm　1/16
印　　　张	13.5
字　　　数	243 千字
印　　　数	3 001—5 000
版　　　次	2019 年 6 月第 1 版　2020 年 5 月第 2 次印刷
国 际 书 号	ISBN 978-7-5192-6325-6
定　　　价	45.00 元

第一章

区域小学语文教研文化的内涵与外延

第二章

区域小学语文教研文化的基本属性

第三章

区域小学教研文化的四个层面内容

第四章

区域小学语文教研文化的基本功能

第五章

区域小学语文教研文化的影响

第一章
区域小学语文教研文化的内涵与外延

一、文化概述

《易经》之谓文化："刚柔交错，天文也；文明以止，人文也。观乎天文，以察时变，观乎人文，以化成天下。"故有学者认为，"文化"之概念本源于此。西汉著名学者刘向在《说宛·指武》中写道："圣人之治天下也，先文德而后武力。凡武之兴，为不服也；文化不改，然后加诛。"据考证这是"文化"一词首见于典籍，主要是指"文治教化"。

1871年，英国著名人类学家爱德华·泰勒在《原始文化》中将文化定义为："文化或文明是包括知识、信仰、艺术、道德、法律、风俗以及人们作为社会成员而获得的一切能力与习惯。"

用结构功能的观点来研究文化是英国人类学的一个传统。英国人类学家A.R. 拉德克利夫–布朗认为，文化是一定的社会群体或社会阶级在与他人的接触交往中习得的思想、感觉和活动的方式。文化是人们在相互交往中获得知识、技能、体验、观念、信仰和情操的过程。他强调，文化只有在社会结构发挥功能时才能显现出来，如果离开社会结构体系就观察不到文化。例如，父与子、买者与卖者、统治者与被统治者的关系，只有在他们交往时才能显示出一定的文化。

法国人类学家C. 列维–施特劳斯从行为规范和模式的角度给文化下定义。他提出："文化是一组行为模式，在一定时期流行于一群人之中……并易于与其他人群之行为模式相区别，且显示出清楚的不连续性。"英国人类学家R. 弗思认为，文化就是社会。社会是什么，文化就是什么。他在1951年出版的《社会组织要素》一书中指出，如果认为社会是由一群具有特定生活方式的人组成的，那么文化就是生活方式。

美国文化人类学家A.L.克罗伯和K.科拉克洪在1952年发表的《文化：一个概念定义的考评》中，分析考察了100多种文化定义，然后对文化下了一个综合定义："文化存在于各种内隐的和外显的模式之中，借助符号的运用得以学习与传播，并构成人类群体的特殊成就，这些成就包括他们制造物品的各种具体式样，文化的基本要素是传统（通过历史衍生和由选择得到的）思想观念和价值，其中尤以价值观最为重要。"克罗伯和科拉克洪的文化定义为许多现代西方学者所接受。

"文化"在汉语词典中是这样解释的：①文治教化。②运用文字的能力及具有的书本知识。③人们在社会历史实践过程中所创造的物质财富和精神财富的总和。特指精神财富，如教育、科学、文艺等。④考古学用语。指同一历史时期的不依分布地点为转移的遗迹、遗物的综合体。同样的工具、用具，同样的制造技术等，是同一种文化的特征，如仰韶文化、龙山文化。

综上所述，对于文化的内涵和外延，古今中外都有不同角度的界定，在词典中的解释属于目前最全面的定义，为大多数人认可。本书对区域小学语文教研文化的论述皆出自词典对"文化"一词的定义。

二、区域小学语文教研文化的内涵和外延

1. 区域小学语文教研文化的内涵

"教研文化"一词散见于一些文章，如"学校教师的教研活动属于精神活动的范畴，是真正意义上的文化活动。学校文化建设的核心就是要建立一种促进教师学习和思考的教研文化，营造一种学习和研究的校园氛围，培养一种博大精深的人文精神，以铸造永世垂范的师魂和校魂。它是以校本教研为依托，以行动研究为核心的一种教师行动的文化，其目标是要建立以校为本的教研机制"。

又有所谓"教研文化"，就是一所学校和教师在长期的教研工作实践和共同学习生活中不断积累、形成和发展，并为大多数人认同和接受的深刻的思想境界、正确的价值导向和与时俱进的精神风貌，是全体教师对事业执着追求的工作热情、科学态度、宝贵经验的高度浓缩、总结与提炼，是学校不断传承、不断发展的精神财富，是学校教育教学持续发展的不竭动力。

　　由此可见，目前还没有对"区域小学语文教研文化"这个名词有清晰的定义和外延。从以上文献所述，词典上"文化"的解释的第三点延伸开来，我们所定义的"区域小学语文教研文化"是区域各小学在语文教育科学研究方面所积累的思想、道德、观念和行为的总和，它综合反映区域内小学语文教师群体学习探索研究的氛围和教学研究的组织文化。

　　2. 区域小学语文教研文化的外延

　　区域小学语文教研文化构建的内容主要包括物质层、行为层、制度层和精神层四个层次。它是一个有机的整体，精神层是核心，物质层、行为层、制度层是基础和载体。

第二章
区域小学语文教研文化的基本属性

一个具体事物，总是有许许多多的性质与关系，我们把一个事物的性质与关系，叫作事物的属性。教育是一种特殊的文化形态。从区域小学语文教研文化的内涵来看，它的属性应具备文化性、教育性、研究性。

一、区域小学语文教研文化的文化属性

教研文化是一个文化领域，是教师与教师群体之间一种日常化的合作研究实践，有着深厚的文化属性。"基于教研的根本目的在于促进教师的专业发展，进而实现学校和学生的发展。因此，科学的教研文化必然集结了理想和现实、继承和创新、行为方式和价值的统一，必然在功能特点上，体现出引领和激励，在文化特点上，体现出人文关怀，在内容特点上，体现出规范和创新。"

案例 ① 人本教研方式促良好教研氛围的营造

因为教研的出发点和归宿都在于促进广大教师的专业发展，所以，理想的教研文化必然尊教师为教研的主体，以人文化的教研制度和民主的教研氛围，唤醒教师的研究意识，吸引教师自主投入研究之中，改善自己的教学行为，领悟教学的技艺。端州区小学语文教研文化的构建与实践要落到实处，离不开学校和教师真心的支持。因此，我们改变自上而下的指令性工作方式，转向引领教师专业发展与教育文化的再造方面。这些年来，教研室小学语文教研员深入一线，扎根基层，认真听取学校、老师的意见建议，对教研方式做了以下改变：

一是建立学校视导申请表，实行"订单式"视导。各校在学期初向教研室递交到校视导的申请表，要求教研室针对学校教育教学的薄弱环节进行诊断式的视导，使每学期的视导工作起到帮助学校、教师发展的作用，大大提高视导效能。

二是从制度的建立、教师个人专业发展、学校特色打造等方面，充分吸收学校和老师的合理化建议，使教研活动真正触及学科教学的热点难点。

三是定期通过举办语文学科教学技能比赛、送教下乡、与省内外名师同课异构等活动，积极选派骨干教师参加高端培训。跨校师徒结对等各项教师专业发展平台的搭建让许多教师走上展示自身才华的舞台，在工作上、待遇上都获得成功与提升，既"成事"又"成人"。

以上人本的教研方式让学校和教师从根本上支持教研室必须依托学校和老师才能完成的教研工作，形成了良性循环。教师以自觉参与教研、自觉提升素质的教研主人翁姿态，营造出好学进取、奋发有为的教研氛围。

二、区域小学语文教研文化的教育属性

"对广大中小学教师来说，从走上教育岗位这一天起，文化始终以'包围'个体生活的方式时刻影响着教师的教学行为和教育思想，并构成其成长的重要力量：教师要学习通俗的语言和专用的术语，以便和周围的人自由而充分地沟通；教师要熟悉所处环境的人文历史和风俗习惯，以便在交往中获得更多的话语权；教师要参加各种教育教学活动，以便和同行分享共同的情感……所以，教研文化必须把教研的最高价值定位于人的价值的实现。它诱导着教师开发自己的创造潜能，在教育教学的研究中发现规律，在教育教学的问题解决中体验成就、肯定自我，从而获得职业的幸福感。"区域小学语文教研文化的教育性最终体现在教师自我教育、自我专业提升方面。

案例② 榜样引领破职业倦怠难题

教师工作具有特殊性、长期性、艰巨性、复杂性。教师工作是一个助人的行业，常常需要处理复杂的人际关系。调查表明这是经受压力最多的职业之一。教师的工作负担沉重，承受的社会压力日益加重，教师职业倦怠现象越来越突出、越来越普遍，成为教育行政部门和学校亟待解决的难题。

端州区教师的职业倦怠主要表现为以下三种情况：

1. 理想与现实不相符。教师面对困境和预期的失败，付出更多的努力，得不到回报，逐渐灰心，不再热情参加教研。

2. 付出与回报不平衡。因为端州区的经济相对发达地区有差距，教师的待遇不如珠三角发达地区，教师之间的经济差距导致其产生职业倦怠。

3. 综合型。更多的教师可能是处于这两种类型之间，出现阶段性反复。

针对以上情况，我们大力树立榜样，起到示范带头辐射的作用。

例如，小学语文的教研员杨晓红老师，她本人是资深的省特级教师，担任教研员17年来，一直坚持深入基层服务一线，听课评课超过2000节，自己上示范课、研讨课超过20节，举办各类专业的讲座近100场，辅导老师做各级的课题超过100项，培养出省特级教师、名班主任，区级以上名师、学科带头人、骨干小学语文教师100多人，100多人次在市级以上优质课、录像课获奖。她主笔的名师工作室博客，发表各类专业博文900多篇，访问人次接近60万。其博文文采飞扬，对涉及小学语文教学的方方面面娓娓道来，让人在阅读中受教，在省内外有重要影响。区内的小学语文教师把杨老师当作自己专业成长的引路人和精神导师，杨老师的人格魅力、学术水平、示范引领成为端州区小学语文教师的榜样。

又如，黄岗小学的康燕文老师是一位有着20年教龄的普通一线教师，多年来一直在城郊黄岗街道各小学任教。她积极主动参与和主持课题研究，带领所在学校的语文教师开展有针对性的教研和科研，积极参加区里组织的比赛、研讨，建立了小学中高年级阅读课"一课六批"的教学模式，取得了显著的教学效果。2010年被评为肇庆市名教师，成为端州区两镇唯一的名教师，她主持的课题"课前一分钟演讲的系列研究"获得广东省教育中小学创新成果三等奖，并在2012年评上了副高职称。她的示范引领作用非常明显，整个黄岗小学由原来教师职业倦怠比较严重变得朝气蓬勃，现在变成端州区核定的三所"创优校"之一，将在近期打造成区内的优质品牌学校。

再如，肇庆市第十五小学的陈碧灵老师，用心钻研，用情育人，先后在省、市、区级的教学比赛中获得佳绩，从一名普通的教师成长为学科组长、学校的教务副主任、广东省名班主任，但她并未止步，而是继续前行，申报成为广东省凌琳名师工作室的成员，希望借助三年的研修、学习，让自己的专业发展再上一个台阶。

类似的榜样在区内有很多，他们通过自己的努力默默地影响着其他老师，使得越来越多的老师在榜样的带动下，不甘落后，对自己的专业发展有了新的追求。

附 博文30篇

谈小学语文教学10篇

1. 东边日出西边雨，道是无晴却有晴

（2008年10月30日博文）

这是唐代诗人刘禹锡《竹枝词》中的名句，以语带双关作为"情语"，让人心领神会。这是中国语言的魅力所在。遥想我们的祖先，在江边踏歌而行，向自己的爱人传达由衷的爱意，是何等的浪漫。读诗时我喜欢这种"触电"般的感觉——一下子打通了与作者的相通之处，妙不可言而又激情满怀，这是读诗的妙处。今天我要借用来讲讲语文教师个人魅力的问题。

这几天都在我们两镇的学校听课，学生反映最多的是不喜欢语文课，比较闷。老师们则反映学生难管，课堂纪律差导致难以完成教学任务。所以，很多老师倾向要名师到学校传经送宝。今天又看了城区一所面上的学校发来的教学疑难。我在思考：有些问题我们真的不能解决吗？名师就能解决一切问题吗？

语文老师大多听过魏书生这个名字，魏老师的神奇在于他带的学生无论基础怎样，都能大幅提高成绩。他外出讲学一段时间，回来考试，学生成绩一样行。还有李镇西老师，也会担心高考学生考砸……这些老师让我觉得他们一会儿离我近，一会儿离我远。我常常假设：如果他们来教我们的学生，能教好吗？读了他们有关的书籍以后，我相信，即使他们来教我们的差生，同样能把他们教好！为什么呢？因为他们制胜的法宝是有所作为！

现在我们的老师缺乏的是一颗有所作为的心啊！（也许我这句话讲得重了些。）我记得我有一位在小学任教的同学跟我说过这样的事：学校里的老师为课文中某一句话是否是比喻句争论起来，要打电话问问我，我的同学讲了这样的一句话："杨老师就那么有空？整天待在办公室等你问问题吗？是不是比喻

句我们哪一人在大学时没有学过修辞呢，翻翻书找找看就行了……"我听完之后很感慨：什么时候我们的老师变成这样了啊？生活奔波？世道艰难？换个角度，学生会瞧得起这样的老师吗？其实，有时老师问的一些教学问题我确实不能解决，我会老实说不会，我查查书或请教我的老师，解决的过程就是学习充实的过程，因为知识从此为你所掌握。

名师之所以成功，他们的付出是我们常人的几倍甚至更多。我听说四会有位名师，当年为了参加说课比赛，硬是把我们小学六年的课文全部背下来，所以比赛赢得漂亮。这样的人怎么会不成功呢？陆游说作诗"功夫在诗外"，道理很明显：我们的语文要大幅度提高成绩，要学习名师的治学态度和拼搏精神，有了对教学深厚的积淀，有了对学生深入的了解，采取了适当的对策，学生何愁不会进步呢？当看到台上潇洒自如、精彩绝妙的名师讲课风采时，你要想到他们为了这一刻所付出的艰辛吧。

2. 学而不思则罔

（2009年3月6日博文）

这句话出自《论语》，许多老师经常引用，但是我总觉得真正用于自己生活、工作、学习的老师不多。今天来十六小听课的老师很多，后来留下参加评课的人不到原来的一半。听课而不评课，我认为效果大打折扣。教育局这个学期举办名师、学科带头人的展示课，目的是发挥名师的示范辐射作用，让更多的人学习名师的课堂。接下来，我们还将举办名师讲座、论坛等活动，也是为了促进我区的教师在专业方面得到发展。

今天两节课，一节是黎校长的《卖火柴的小女孩》，一节是梁老师的《触摸春天》，在此我不再重复评议她们的课，我要重复提的是从这两节极富十六小特色的语文课当中，体现的十六小语文教学的特点。我认为这是十六小十几年一直名列我区语文抽测成绩第一名的秘诀所在。我总结出四个特色：

一是教师对教材的整体把握、对课标（以前叫大纲）的要求十分熟悉，研究教材把落脚点放在如何提高学生的综合语文素质上。

二是扎扎实实在课堂上培养学生的能力。包括语言表达能力、想象能力、朗读感悟能力、收集整理资料的能力等。

三是语言文字训练意识浓厚。抓住教材出现的语言训练点，在教学中落实相关的语言训练。

四是勇于创新，每个学期都会有对上学期教学的反思与改进，在改进中不断创新。

古语讲：海不辞水，故能成其大；山不辞土，故能成其高。经过一代又一代老师的传承与创新，才有今天的辉煌成果。所以，有些人老是埋怨自己的生源不好，比不上十六小，那是没有看到今天这两节课凸显出来的思考啊。

3. 把握教材，关注细节，教给方法

（2009年11月12日博文）

今天听了两位市骨干教师的课，他们是一小的黎结宁主任讲的六年级《伯牙绝弦》、梁艳珍老师讲的三年级《盘古开天地》两篇课文。我有以下的听课感受：

一是准确把握教材要求是教学设计的必要前提。六年级的文言文教学要抓三点：正确朗读；正确理解；初步积累文言知识。黎主任基本把握了这三个要求，在课上清晰地展现了学生掌握三个要点的过程。三年级的阅读教学要抓词语的初步理解和积累运用，要抓初步的阅读方法的养成，要抓朗读感悟。梁老师也在课上体现了这三方面的要求。

二是细节的关注有利于培养良好的学习习惯和方法。两节课老师都在谈话引导之间让学生注意坐姿、写字的姿势、画线的规范、回答的完整。学生在课上张弛有度、动静有方，显示了一小严谨的教学风格，这是我区许多学校需要学习的。

三是教给方法才是提高学生成绩的法宝。这些年来一小的语文成绩一直在区内排第二位，在今天的课上我们看到两位老师十分注意教给学生学习方法，学习古文的方法、了解字词的方法等在学生的具体学习实践中渗透。学生习得方法才能内化成其自主学习的终身能力。这是值得我们许多语文老师好好咀嚼的。

四是部分思考。黎主任的课充满琅琅书声，但老师范读似乎多了一些，动情处、悟情处用引读的方式更能深化学生的情感体验。梁老师的课如果再锤炼一下评价语，使知识点、训练点用准确明白的语言串联起来，课堂就显得顺当精彩了。两节课对课外的阅读和知识的整合还得再思考深化一些，使得语文

味、文化味更浓一些。

4. 习作评价宜清晰

（2010年6月9日博文）

新课程改革以来，习作教学的改革力度也较以往加大。从教21年来，我一直对作文教学改革比较关注，我在实验小学任教之初，就参与了学校的作文教学整体改革的课题，后来担任了这个课题的主要领导。端州区成立以来，小学语文的作文公开课，我是第一个"吃螃蟹"的人，这个课题后来获得1996年广东省教育创新成果二等奖，到现在为止还是我区获得的小学语文类的最高奖项，获奖后也进行了一些作文教学的后续研究，对作文教学可谓一往情深，对作文教学的改革历程还是清楚的。2002年我区开始课改以来，我也关注了作文教学的改革，经过了一轮多的改革，作文教学可谓成绩喜人：

首先是去掉了"千人一面"的弊病。以前集中改卷发现某些学校为追求高分，让学生写近似的作文，学生的个性无法显现，导致一些教师以此为榜样，让学生写一些样板文，泯灭了作文鲜活的个性。课改后我们大力去除这种情况，近年学生的作文已经基本没有了样板文，还学生一个自由书写的空间。

其次是把"作文"正儿八经地改为"习作"。表面上看是改了个名，却是理念的改变，习作更有学生自由创作书写的空间，更有一种自主性，作文就带有比较强的命令意味。因此，在作文的日常教学中，教师松绑，命题作文少了，可以自由选择的作文多了，学生写作的自由度大了，兴趣上去了，作文教学由刻板变得鲜活。

最后是教师的观念有了重大的改变。把学生的作文能力提高作为作文教学的目的，不再追求考试的所谓高分而拼命教应试作文，摒弃短期行为，而真正把眼光放在学生作文能力的提高上，我们为其奠基的理念基本在一线老师心中扎根并体现在课堂教学当中。

当然，在看到成绩的同时，我们也看到课改习作教学的问题，主要问题是序列不清、评价不清。因为课标把习作训练按学段安排，因此使训练的序列不够清晰，也因为训练序列不清导致习作评价不清。每一个年级评价的度到哪里，作为一线语文老师要认真研究；每个年级的评价到哪里，要根据学生的实际做出适当的调整。我以此为切入口，和十六小做了一个课题研究，待今年新课标修改后，加以验证，就可作为成果推到全区使用。因此，要在习作教学方面有提高和改变的话，习作评价的度大家要清晰，这是一个连锁反应，它调控的是我们实际的作文教学。

5. 如何激发学生的学习兴趣

（2010年10月20日博文）

这是我上周上课后，学员给我的提问。又有另外一些学员对我说，随便一些教育学的书都有很多这样的叙述。我想，给我提问的老师并不是没有学教育学的理论，而是希望得到经过实践验证的经验吧。回来我细细整理了自己这些年的教育教学经验，在此和大家分享一些激发学生学习兴趣的经验做法。

一、研究学生

我们服务的主体是学生，因此，教学对学生的胃口，自然让他们产生兴趣。因为客观的因素，教材有着一定的滞后性，不能随着学生的变化马上得到更改。因此，在原有的教材基础上，我们如何根据学生的实际，调整我们的教学策略和方法，就显得重要了。而我们现在的老师多囿于教材的限制，不敢根据学生而改，就难以激发学生的兴趣了。

二、发挥自己所长

学生普遍具有向师性，在任教的学科方面尽可能发挥教师的所长，让学生羡慕之余，更对你任教的学科产生兴趣。例如，我历史知识比较丰富，读书时跟导师研究汉字有一定心得。所以教课文时，喜欢跟学生讲讲作者、时代背景、某个汉字的趣闻等，学生都喜欢上语文课。

三、多想办法，变换教法

一个老师教的时间越长，越容易形成思维、教法的定式，学生一摸到老师的规律，就会失去新鲜感。我会在课堂教学环节、奖励学生方式、布置作业方面不时有所变化，学生找不到变化的规律，对每天的语文课都充满期待，兴趣自然就浓了。

四、让学生有学习的成功感

每一个班都会有不同层次的学生，如何让每个层次的学生有学习的成就感，是我们老师需要思考的问题。因此，备课上课的过程中，要尽可能考虑每个学生在课上有事做，感到自己有进步，那么学生才会对这门学科有持续的兴趣。我上课的时候会设计一些问题给层次差的学生回答，或者设计一些他们能够做的习题给学生做，让他们学有所成。另外，在批改作业的时候，尽可能挖掘这些学困生的进步点，给些鼓励性的评语或分数；成绩好的，给些挑战性的问题让他们深入探究。

兴趣是最好的老师。郭思乐教授说："儿童是天生的学习者。我们给予他们适当成长的土壤，就能结出丰硕的果子。"

6. 总结、积累、运用、拓展

（2011年5月27日博文）

这两天带着广州番禺区的骨干教师到十六小、四小听课，在此再次感谢两所学校的领导和师生的大力支持。今天上午听了我的弟子吴智勤讲的六年级《回顾拓展四之日积月累》这一课，老师们评价这堂课令人耳目一新。星期二她在七小汇报后，今天做了小修改，效果更好。现把流程呈现如下：

一、读背运用

出现本课的8句名言，学生自由读，开火车读，指定某同学读，填空式背，组长代表上台全组抽背。并出示三句情境创设的话，让学生运用本课的名言填空。

二、出示方法，练习分类

老师提示可以用分门别类的方法把名言分为做人原则类和面对困难类；学生在练习纸上对四年级以来积累的名言进行分类，分别朗读。

三、出示冰心《谈生命》中的一段话

指名朗读，在这段话中找出自己感受最深的一句话，谈原因。老师归纳今后要多读课外书，摘录名言，增长见闻。

四、实际运用

在本学期所学课文中摘录一句话送给自己或别人。学生书写并汇报。总结全课，布置作业，下课。

点评：课改以后，语文教材当中的"基础训练"变为"语文园地""回顾拓展"，在教学中承载的功能就是总结梳理知识规律、积累运用语文材料、拓展语文学习的内容等。一直以来，很少有老师对这些教材进行研究，我们这次师徒结对小组选择语文园地类作为汇报课的研究专题，有些探索意味。

从这节课的反响来看，大家是认可我们的探索成果的。因为比较好地体现了语文园地的总结、积累、运用、拓展的功能。也体现了六年级教学与初中的衔接，为学生初中整合学习材料，归纳学习规律做了一定的铺垫。

我们期待有更多更好的形式出现，丰富语文教学的内涵。

7. "语文味"是什么？

（2011年8月27日博文）

这是那天在结业答辩时，吴全华教授问我的问题。当时我的回答是：我认为的语文味包括两方面，一是语文的基本知识和技能；二是语文的学习方法。作为教语文22年的老师，我仔细思考过什么是语文味。晚上看了郭思乐教授《天纵之教》一书中"关于'语文味'的讨论"这一节，他认为语文味是回归大语文的实践，得到中国数千年来语文学习的方法：读书、写作和讨论。那么落实到平常的语文教学中，我们判断一节课像不像语文课，我想我提出的两方面还是有一定道理的。

一节语文课，我们要教的是学生必须掌握的语文基本知识：读音、字形、词语、句子、篇章结构、修辞手法等；训练基本技能：读准、会写。还有就是贯穿于掌握基本知识和技能的过程中的方法。游离于这些基本特征的课，我们基本可以判断这节课没有语文味，这一点适用于语文科所有课型。

把语文放在生活中学习，这是语文味的最高境界，是我们奋斗的目标。但是最高目标必须是由日常一节课一节课累积起来达到质变的。它需要我们的老师、家长、学生，以及教育评价部门共同参与。

昨天开全市的小学语文教研员会议，会上交流各县市区的命题思想。我讲了上学期毕业考试的亮点：注重题目的开放性，关注学生的整体成长。看了我们全市的语文试题，有两点是其他县区没有的：一是题目没有固定答案的比例，我们最高，让学生个性的理解得到承认；二是作文题坚持了多年的二选一，保证了学生个性表达。教师、家长、学生在教语文和学习语文的时候，把这样的考试导向与生活实践、课外阅读积累、交流讨论结合起来，就能培养有深厚语文素养的人。

可是，我忧虑的是，依然存在的中考、高考，会不会把我们小学六年的培养成果一朝废去。因为，我看到的中考、高考题，答案依然是僵化的，甚至有选文作者居然做错用自己文章设置题目的事情。所以，我们改变不了现实的制度，只希望在自己的六年小学的自留地上，为学生播下语文学习的健壮种子，希望学生能战胜后来的不足，在人生的成长道路上有一个坚实的语文基础，长大成人后依然知道真正的语文味是什么。

8. 预设与生成

（2012年3月22日博文）

这些天都是去学校视导听课，有些老师盼着我来听课，想看看自己的长进如何。每所学校都有我们的师徒结对弟子或重点培养对象，也算是为他们的师父听课指点一下了。这些课听下来，我想谈谈课堂教学预设和生成的问题。

记得在2010年给教师们培训的时候，我讲过教学反思的专题，其中提到一个课前反思的概念，讲得通俗一点就是备学生和备教法。传统的教学关注教师如何教得生动出彩，少关心学生的学，或者是强势的教师一步一步把学生领进预先设好的范围，自觉不自觉把自己研读文本时深刻独特的感受强加给学生，而不是学生在自己阅历和体验的基础上获得。因此，有些课我们看起来震撼人心，但是无法复制和学习。一是自己对文本的体验未达名师水平；二是学生无法企及如此高度。因此，在备课的时候，我们要首先对文本有自己的感悟，然后还要考虑学生可以达到什么程度，自己的感悟与学生的差距在哪里，交汇点在何处。而交汇点就是学生可以接受的程度，这个时候才考虑适当的教法。好的教法就是把师生间对文本的感悟交汇点用最简单可行的办法教给学生，并从中学习作者的表达技巧，为我所用。我想我们的课前反思能做到这点，应该是对即将进行的课做了比较充分的预设。

但是课堂是生成的，要充分利用好生成的课堂。观看一些名师的课例，同一节课，在不同的地方上，课堂模式和语言几乎一样。固然要顾及名师的面子，不好有什么差错，但是，毕竟每次都是不同的学生，只有在每一节相同内容的课上利用课堂的生成演绎成功的课堂，才有更强的生命力。比如，今天有位老师上《北京亮起来》一课，在教"环形路上看到的立交桥"一段时，老师配了相关的图片，问学生"你看到的立交桥像什么"。有学生根据图片的情形直观地说："立交桥的样子像蝴蝶。"老师虽然肯定了学生的答案，但是马上展示"像彩虹"的立交桥的图片，学生只得跟着课文的描述说像彩虹了。其实，从老师出示的图片来看，学生答像蝴蝶，更适合图片中的立交桥的样子，而加了彩灯的立交桥的一部分才像彩虹。学生看到了整体，老师看到了局部，如果在学生答像蝴蝶的时候，让学生仿照课文的句子说说他看到的蝴蝶般的环形立交桥，该是多么灵动的一课啊。所以，老师在课堂上要有利用课堂生成资源的意识，保护学生的积极性，训练语文积累和表达的能力，如此，我们的语文课堂该是多么美丽啊！

教育家布鲁姆曾说："没有预料不到的结果，教学就不能成为一门艺术。"课堂是动态生成的，它处于一种流变的状态，再好的预设，也无法预知课堂教学中的全部细节。因为教学的主体——学生，是开放性的、创造性的存在，他们作为一种活生生的力量，带着自己的知识、经验、思考、灵感、兴致参与课堂活动，从而使课堂教学呈现出丰富性、多变性和复杂性。

我们的课堂教学艺术就是在不断地预设和锤炼中成熟的，这也应该是每一位有追求的老师终生追求的一种境界。

9. 低年级宜个别读

（2013年10月8日博文）

今天开始到校视导，听了两节课，两位老师都采用朗读感悟的方式学习课文，但是都有困惑：为什么难以纠正学生的唱读？我在听课记录簿上记下了一个问题：低年级可否少齐读，多个别读？

听的课多了，发现低年级存在一个共同的问题：学生齐读的时候唱读严重。究其原因是在一些不规范的幼儿园中，老师习惯让小朋友拖长声音齐答、齐读；到了上小学，单个朗读的时候，老师容易纠正，但是一齐读，学生基本变成唱读，影响了朗读及教学的效果。这个问题一直困扰着我们低年级老师。老师们采用了多种方式纠正改变这种状况：范读、点出节奏轻重音等，但是收效甚微。

以前我在学校教书的时候，曾经尝试过多个别读而少齐读，等学生形成了语感和正确的节奏后，再齐读时效果就出来了。我想，低年级的语文朗读教学，是否可以多采用个别读的方式进行呢？我认为有以下几点好处：

第一，有利于培养学生个体的朗读识字能力。流畅的朗读能增加学生识字的巩固率，形成良好的语感，避免从众现象出现。

第二，有利于纠正幼儿园形成的唱读习惯。低年级学生可塑性强，强化训练一个月，基本可以纠正原来的朗读毛病，为训练学生正确地朗读创造了条件。

第三，可以培养学生倾听评价的能力。个别读的使用，让更多的学生处在倾听评价的角色中，通过比较会找到更适合自己的朗读节奏，有利于全班形成好的朗读习惯。

朗读是学生一项重要的语文能力，一个朗读水平高的人，他的语文能力不会差到哪里去，就如一个写得一手好字的人，语文是不会差的。因为听说读写的语文能力是相辅相成的，一项能力的提高，必然带动其他能力的提高，而低年级是一切学习习惯形成的关键时期，包括朗读。所以，我建议老师们在培养低年级学生朗读的时候，不妨考虑多点个别读，让学生尽快摆脱幼儿园形成的朗读毛病，提高语文学习与运用的能力。

10. 今后小学语文教学的思考

（2014年12月18日博文）

昨天教育部颁布了高考改革方案，对高中的学业水平测试把更多的比重放在了平时的表现上，也就是说兴趣广泛的学生将会更受高校的欢迎。都说高考是基础教育的指挥棒，中小学的教学也应有相应的改革。

十月底在桂林进行的全国首届小学语文教学观摩活动，这次的课有很多创新之处，大家在底下讨论，今后的语文课该怎么上？翻阅近来的一些小学语文教育杂志，读经典、讲整合、讲语用等，有点"乱花渐欲迷人眼"之势。我想，今后的小学语文教学可能呈现以下几种情况：

一、经典与教材融合

在一些发达地区，教师素质比较高，对教材的开发比较关注与经典的融合，体现为以主题为主线，整合现有教材和经典作品的有关篇章，引导学生关注经典、背诵经典，同时使学生避免了阅读传统文化时不假思索地接受的习惯，也接受了一些与现代教育理念相悖的糟粕。此时的语文老师有着挑选、整合的责任，但是，能整理出或整合出这样的语文教学模式的语文老师，其成长绝对是快速的，其文学修养、语文教育学理论、纵横向阅读比较能力会大大提高。如此，会产生许多学养深厚的大师，学生六年语文所学的厚度和高度也非现在所限，输送的中学生将会是语文水平比较高的一批。

二、语言运用超越课内外

2011版课标强调语言运用，在语文课上，老师们已经大胆使用现代教学手段进行读写结合，传统意义的阅读课可能被颠覆，课内整个单元的训练点可能会整合起来教。并且会拿课内的训练点对应一些课外的文章进行拓展阅读和训练，学生举一反三的能力将大大提高。这要求语文老师有较强的研究教材的能力。

三、把语文教学和生活及现代教育技术紧密结合

科学技术的发展，使学生有机会接触微博、微信、博客、QQ空间，书写自己的生活，而我们现实的语文教学往往没有触及学生的生活，还是沿着教材所列的体系教学生口语交际和习作。其实，学生在微博、微信的书写往往生活色彩很浓厚，只要稍加指点就是一篇很好的习作。如何利用现代教育技术，发挥学生口语交际和习作实践的功能，发挥这些技术评价修改共享的功能，使之融入我们的语文，是目前有些地区语文教师在探索的一些项目。

以上所讲，都是值得我们研究和开发的课题。

谈小学语文教师专业发展11篇

1. 人生若只如初见

（2008年10月1日博文）

这是清代诗人纳兰性德的一句诗，我很喜欢它的意境，所以也借用来谈谈昨天的话题。昨天谈了语文教师基本功的问题，我觉得基本功应该是一个语文老师立足的资本，语文老师要有所发展就更应有"语文味"。最近，有关语文教学的报纸杂志都在谈语文课要有语文味，说语文课应该有语文味。其实，语文老师也应该有"语文味"：文雅、博学、出口成章……所以，从昨天开始，我尝试每篇文章都用古诗或古语做题目，从我开始，我们一起做个有浓厚语文气质的语文老师。

下去听课，若发现一位语文老师把一篇文章讲得生动有趣、举重若轻、行云流水，我猜想这位老师的语文功底是很深厚的。若看到一个语文老师紧紧盯着教参，不敢越雷池半步，就课文讲课文，我就知道这位语文老师有多少斤两了。记得今年帮凌琳老师备季美林先生的作品《自己的花是让别人看的》时，我在短短一个月浏览了季先生已出版的全部作品，精读了他的《留德十年》，

所以凌老师遇到困惑时，我指点她读某篇作品，打通她的思路。有老师说，我们平时工作那么忙，下班哪来时间看书？我的看法是：每个人都有家庭事务，关键是怎样处理。老师每天都备课，在备课时多看一些资料，积累下来就是一笔不小的精神财富。许多学校每学期都搞类似"一人献一课"的活动，自己备这节公开课的时候，花些心思看些书，积累下来也是惊人的财富，而且这笔财富永远属于你，别人是无法拿走的。

还有些时候，听新教师上课，尽管课上得生涩，但底蕴好，让我有"惊艳"的感觉。我总是鼓励他们多听课，多揣摩，下一次再听他们的课，看到他们的快速进步，我会感到由衷的高兴。

语言文字要在用、读、欣赏中化为己有。我出道这么多年，带了好几个徒弟，个个上进有成绩，一个共同点是他们都爱读书，不断修炼自己的语文功底。自己修炼的过程，也是一个很好的语文学习过程，对自己所教的学生不无裨益。许多老师听我上课，拼命记我的过渡语，说很美。有时我只能说，这些话只是即堂生成，脱口而出的，没有刻意准备，讲过可能不记得了。所以现在每上一次课都录像，为的是记录下那些瞬间即逝的语句，因为课堂的设计老师们是很容易记住的。

"人生若只如初见，何事秋风悲画扇。"讲的是汉成帝和班婕妤的爱情故事。开头这句是一句感叹：人生若永远如初见那般多好，没有结束，永远是最美好的。一位小学语文教师能让学生刚开始学语文时就被儒雅博学、才华横溢的老师吸引而爱上语文，那我们的语文教学何尝不会成功呢？

2. 为学无间断

（2008年10月12日博文）

这是清代学者王永彬所著《围炉夜话》中的一句，原文是"为学无间断，如流水行云，日进而不已也"。意思是做学问的人一定要持之以恒，不能间断，要像潺潺流水和缥缈的行云一样，永远不停地前行。既然我们语文老师要强化基本功的训练，提高自身的文化底蕴，读书是必不可少的。今天我想推荐一些书给大家看，并谈谈我对这些书的一些看法。

现代人并不缺乏书和信息，相反的是可以供我们选择的书太多了，让人眼花缭乱，很多专业书籍都有似曾相识的感觉。我觉得现在的学术界也不乏一些急功近利的学者，为了出一些所谓的成果而编著大量近亲繁殖般的理论或案例评析一类的书籍。应该说这类书籍确实解决了课改之初资料缺乏的燃眉之急，但是时至今日依然还有一些缺乏深度的案例集充斥市场，就要引起我们老师的重视了，注意甄别选择，不能不信书，也不能尽信书。

今天我要推荐的是我2001年购于广州购书中心的《叶圣陶语文教育思想概论》，董菊初著，开明出版社出版。这本书连绪论一共有十二章，具体阐述了叶老语文教育思想的社会基础、实践基础、教育哲学、教学原则、阅读、写作、听说、书法教学、教材建设、教师修养、继承发展等内容。最难得的是，这本书语言浅白，叙述清晰，没有故作高深之状，你会在书中找到许多共鸣。把这本书读完，结合现在的教学实际，你会感觉到叶老对语文教学的真知灼见。你不会在当今纷繁复杂的教学争鸣中迷失方向。我觉得，若我们好好地读了这本书，就能为自己的语文教学奠定比较坚实的理论基础，在这个基础上寻求更大的发展，就有了助推器。

有些人可能会问，叶老生活的年代与我们相距较远，他的理论有局限性吗？局限性肯定是有的，但是他提出的在生活中学语文、教给方法、语言与思维并举、读写结合等不是我们现在还在用吗？传统在于继承与创新，只有在传统的基础上结合现在的实际进行发展与创新，才能使我们的语文教学充满活力，才能使我们的老师成为一代宗师。

3. 关山难越，谁悲失路之人？
（2008年10月24日博文）

这是《滕王阁序》中的名句，我借用来讲讲家常课与优质课的问题。课改到了今天，我们的老师探索的热情很高，听了优质课，总想回来模仿，却发现是东施效颦，收效不大，陷入困惑的境地。所以，我们有必要认识优质课与家常课的关系。

首先，优质课源于家常课，家常课扎根于我们日常的教学当中，当一节课上下来，我们有感觉的时候，加以修改充实，就是一节优质课。优质课并非高不可攀。

其次，优质课集家常课优点于一身。往往容量大，效率高。所以，我们学习优质课的时候可以适当分解，无须照搬。

最后，优质课是比赛或公开时用，有许多课堂之外的东西；家常课根植于平时，无须做许多课外的功夫。因此，用优质课的理念去上家常课，是可以取得好效果的。

面对纷繁复杂的优质课，我们要保持清醒的头脑，因为我们最清楚学生学习语文需要什么，所以不能人云亦云，不加思考。如此，才能辨清前进的道路，才能使语文教学真正惠及学生，提高我们自己，不会迷失我们前进的方向。

4. 红了樱桃，绿了芭蕉

（2008年10月26日博文）

这是宋代词人蒋捷《一剪梅》中的名句，把游子思念家乡、思念亲人的心情写得细腻动人。今天我借用来继续我们前天的话题：郊区学校的语文老师如何在提高自身素质的同时，达到提高学生语文成绩的效果。

在前天博文的评论中，我关注到我们的老师们提了两个问题：名校教师方法的"水土不服"，让学生喜欢自己从而喜欢上语文。这确实是我们不应忽视的问题。这学期我在主持视导学校教师座谈会时，所有被访教师都要求名校教师送课到学校，让他们看看面对他们的学生，名师是怎样进行教学的。事实上这些年来，我们也断断续续地在各科进行优秀教师送课下乡到校的活动。老师们清新活泼的教法确实让我们郊区的老师大开眼界，但是课后的效果不一定比原来的教师教得好。这是我们老师认识上的问题，名师的上课方法只是一个借鉴，我们要做的是如何把名师调动学生积极参与课堂教学的方法学到手，让学生喜欢自己的学科、喜欢自己，从而达到提高教学成绩的目的，而不是斟酌于一课一时的得失——事实上，没有一个名师能够通过一节半节的课就可以把学生成绩提高的。我们要探究的是为什么名师讲的课学生那么喜欢，自己的课就那么沉闷？把名师的方法学到手，并运用到我们平时的教学中，我们的语文成绩何愁不提高？"知之者不如好之者，好之者不如乐之者。"这不是一句套话，而是我们的老祖宗经过大量实践检验得出的结论。

我们的语文老师有没有做这样的实验：当你把某一天的语文课调走，学生的反应是怎样的？是欢呼还是惋惜？这些态度说明了什么？说明了你这个语文老师在学生心目中的态度，是欢呼的，你就要反思了；是惋惜的，要你补回来的，那么恭喜你，你班的语文成绩肯定差不到哪里去。我说得有道理吗？

5. 百草千花寒食路，香车系在谁家树？

（2008年11月1日博文）

这是五代十国时期冯延巳所作的《鹊踏枝》中的名句，这首词把一位痴情女子对情郎嗔怨又难舍的情感写得如此幽怨，"多情总被无情误"。古人其实比我们浪漫得多呢！我今天借用的是其字面的意思，想跟新教师谈谈如何观课评课的话题。接下来我会分别和骨干教师、教研组长谈不同的听课与评课。

刚参加工作，总会有些小小的自卑感：别的老师不费什么力气就把学生管得服服帖帖的，别的老师观课评课总能讲出一套东西，甚至听课时笔走龙蛇，记录很多东西……反观自己，管班已经筋疲力尽，听课不知该记些什么，评课又讲些什么……不知所措。真的是"百草千花寒食路，香车系在谁家树"啊！所以我们首先要学会听课、评课。

新老师听什么课好？怎样听呢？结合自己的经验及带徒弟的记录，我提出以下几点建议：

一、先听同年级的级长或者备课组长的课

学校安排某位老师担任级长或者备课组长，看中的是这位老师在这个年级教学的长处，也有让这位老师带新老师的作用与意味。所以新老师要跟这位前辈提前联系，做好"推门听课"的准备。听的时候把教学过程尽可能详细地记录下来，对比自己的教学处理，找出优劣，这样听课最大的好处是让自己比较快地熟悉所教年级的教材特点。如果只有自己同年级的老师，就听别的学校对口的课，操作如上所述。

二、学会抓住主要方面评课

新老师要评课就评三点，即这节课的目标完成得怎样？采用的教学方法是否有效？学生的收获如何？其实，当我们品评一节课的时候，你若把这三个问题想清楚了，基本就抓住一节课的主干了，理清了思路，心中有数。

三、收集有效的、新颖的教学方法

在听课的过程中，发现上课的老师采用了一种你没有见过或者没有用过的教学方法，注意把它记录下来，在相应的课中使用，并做好相关的反思修改。积少成多，你的课堂教学技巧会不断进步。

6. 察己则可以知人

（2009年4月15日博文）

这是《吕氏春秋》中的一句话。这些天都是到学校听课与老师们交流，许多老师和我谈到如何观课评课。有老师反映说，网上、书上也有许多有关资料，可是总感觉离自己比较远，操作起来不容易。我想借这句话谈一个观点：通过自己的课观照别人的课，这是让自己提高观课评课能力的捷径。

20年来听过的课粗略计算有2000多节了，我总结出几种情况：

第一，听名师课时，先看提供的课文，设想自己上的时候会怎样设计，怎样上。然后看名师是如何把握的，他们的不同之处在哪里。再回来找相关的证明材料，如大纲、课标、教学方面的论述，如果证明是对的，就记录其特别之处。比如去年设计凌琳老师的参赛课，就吸收了王崧舟、谢立清《慈母情深》《枫叶如丹》设计中的巧妙之处，融合了学生的实际。

第二，听成长课、研讨课，也是先设计一下自己会怎样上，然后再针对其研讨重点看是否到位。找出优劣就容易了。

第三，听新教师课，主要看其组织驾驭能力（包括语言表达、教材是否教对、课堂常规的培养等）。

总之，先自己设计教法，再看别人处理，你才会看出不同之处，才去寻找不同之处的理由。这样就让自己在不知不觉中熟悉教材、熟悉课标要求、熟悉处理方法了。我们有些教师之所以不会观课评课，只是就课听课，事先没有自己的思考，所以就没有一个参照目标，因而只会关注一些枝节的问题，丢掉了主要考查的问题。

在去年的几篇博文当中也分别谈到新老师、骨干老师、科组长如何听课。结合本文所说，力求一课一收获，积累起来就运用自如了。

7. 修炼自己的表情，让它神采飞扬

（2009年11月2日博文）

平时我们听课，总说这个那个老师投不投入，一个老师上课投入与否是在他的课堂上是能够表现出来的。表情是指面部五官的变化。老师上课的表情很重要，你的表情丰富生动，学生也会被你感染，不知不觉度过40分钟的时间；

倘若老师面无表情，学生必然如坐针毡，度课如年。那么，怎样修炼自己的表情呢？从语文教学的角度看，我认为有以下三方面：

一、对作品有自己的理解

王国维说："作品皆着我之色彩。"如果一篇课文我们只有教参的意见，而没有自己的见解的话，相信教师难有激情去上课。因此，对作品要先有自己的见解，再结合自己的生活经历，发挥想象，令文章犹如自己所写。有了自己的再创造，上课就带有自己的独特风格，自然入情入格了。

二、深入理解背景及作者的写作意图

孟子谓知人论世。我觉得是很有必要的。只有对作者、作品的写作背景、意图有所研究，才能使作品的独特性表露无遗。我们就能随着作者的悲喜变化我们的表情，课堂与作品、与学生就融为一体了。

三、学会欣赏学生

也许教师一个不经意的表情会温暖学生一辈子的心灵。学生暂时回答错误，一个肯定的表情一定会让学生如沐春风；一个赞扬的笑脸一定让学生笑逐颜开，也许平时我们吝啬的就是我们这些表情的变化。从今天开始我们学着用赞赏、肯定的表情看学生，好吗？

8. 我们怎样看名师课

（2010年11月23日博文）

前几天到肇庆高新区参加市骨干教师及省优秀教师支教活动。晚上和惠州来的冯老师聊起听的一些名师课，作为优秀青年教师的她也有着如何看待名师课的困惑。

省教研员杨建国老师在这次高新区活动的讲座上讲得好："名师的课由于某种需要或者正从事某项研究，又或者取得一些课堂教学的效应，都会对教材和教法做出一定的改造。"我发现这些名师课有着鲜明的名师个人的特色，如果这位名师在某一方面造诣颇深的话，就会不自觉地在这方面有些创意——却在不知不觉间给景仰他们的一线教师造成了认识上的偏颇。我想对如何看待名师课谈些个人的认识。

一看名师课设定的教学目标是否适度。

名师课有一定的示范引领作用，如果教学目标设置得适度、教学效果好，这样的课我们可以模仿学习；如果目标人为拔高，是靠名师个人的驾驭能力完成教学的，我们要适当思考，思考自己学生的能力程度及课标的实际要求，不假思索地移植和模仿，是无法学到真正的课堂教学本领的。

二看名师课的创新之处是否适度。

在教学设计方面，名师的课都有一定的创新之处，或在朗读方面创新，或在教学环节方面创新，或在拓展练习方面创新等，这些创新点往往是名师的呕心沥血之作，许多一线教师叹为观止，羡慕不已。这些创新之处是否适度，也是我们要思考的，思考的标准依然是课标和学生实际。

三看出位言论是否正确。

名师有了一定的江湖地位，站得高看得透，往往有些惊人之语。这些惊人之语有时颇对一线教师胃口，但是与目前的教育体制未必相符，或者违反教育教学规律也未可知。例如，上文谈到某位名师在我们的一次骨干教师活动上说，小学生是不需要指导朗读的，只要他读对读流利就行了，因为学生长大以后不当演员，不需要进行朗读指导。我认为这是对教师的误导，不当演员就不需要指导朗读，学生哪怕读对读流利都要指导，没有了指导，无法养成语感，影响的不是对错，而是学生一辈子发展成长的大事。

带着自己的思考看名师课，会让我们收获更多！

9. 采得百花成蜜后，为谁辛苦为谁甜？

（2008年10月30日博文）

这是唐代诗人罗隐的咏蜂诗：不论平地与山尖，无限风光尽被占。采得百花成蜜后，为谁辛苦为谁甜？我想延续这几天的话题，谈谈教师语文功底的修炼和减负的问题。我当教研员后，很喜欢这首诗，总觉得像是我的写照。记得刚到教研室，我们的主任语重心长地对我说，当教研员是讲良心的工作，你勤些，不一定有人为你喝彩；你懒些，也不一定有人责备你。到今天，我才深深理解了他的话，7年来我像蜜蜂一样勤劳地工作，辅导了许多老师获奖无数，自己没有赢得什么辉煌的桂冠，但拥有了一大批真心的朋友，我感到一种实在的幸福。

记得开始去听课评课，老是要师父莫主任帮我打听老师们上什么课，提前把自己能够找到的材料看了，准备好评课要讲的东西，把所有的优点和可能的缺点都记上，到时就套用。慢慢地发现，这些所谓的优缺点自己在听课的过程中也能听出来了，就琢磨背后的原因。于是看有关的理论，听课时再想假如这节课我来上的话我会怎样设计。再后来，把这些想法付诸实践，自己通过上课来体验，于是和老师们找到了共鸣。既能了解教师的想法，又能跳到更高的境界来帮助其他老师。虽然历经辛苦，但是帮助别人成长的过程中也提高了自己，不亦乐乎！

这个成长的过程，有付出，但更多的是快乐。其实我也不是不食人间烟火，也要操持家务，也上有老下有小，但要修炼，就得处理好自己的时间，每天都看千把字的东西，有用的夹个书签做个记录，听课时多想为什么，日积月累就有成效了。老师自己的水平提高了，凡事会从不同的角度去想，那么工作起来自然游刃有余，所谓辛苦，就能减到最低。记得有心理测试的数据讲什么样的人最快乐，其中强者占一席位，这个强者是指他能掌控自己能力范围内事情的人。有刚从广西参加骨干教师培训回来的老师对我说，广西的教师自我发展意识很强，提出的口号是"我发展，发展我""我成长，我快乐"等，这与某些整天想我辛苦为什么，我辛苦有什么"着数"的老师相比，他们的生活是多么简单而快乐。我们要明白：若我们的老师"采得百花成蜜"，那份辛苦换来的甜蜜既是为学生，更多的是为自己呀！一个有内涵、思想积极的老师，他的生活一定会充满阳光，也像我一样。也许，不一定有人喝彩，但一定拥有充实的生活和真心的朋友！

10. 已是十年踪迹十年心

（2008年10月6日博文）

这是清代诗人纳兰性德《虞美人》词中的一句，据说歌星陈奕迅的那首"饮歌"《十年》就是化用了这首词的意境，当然这也是一首写情爱的词，我借用的是字面的意思。昨天讲到教师修炼语文功底的事，我想把我十年来的历练过程写出来，供大家参考。

真正意识到自己的枯竭，是1998年。在1997年年底我就评上了小学高级职称，那时还没有说我们能升副高级，所以，不到30岁，我似乎到达了一个小学教师的顶峰。尤其是1998年我相继当选为端州区、肇庆市两级的人大代表，政治生涯似乎也到了顶峰。但我也悲哀地发现，我有许多落后的地方：在读本科，有些老师讲的东西我听不明白；我最擅长的古典文学也停留在读大专时的水平；一些新的教学流派我不甚了了；写出来的文章缺乏生气、不灵动、无病呻吟……更要命的是我找不到我再前进的动力和方向了。我的苦恼被熟悉我的一位教授知道了，他只跟我说："该沉下心来认真读些书了，读书时抛开一切俗务，不要用功利心去读你的书，你会豁然开朗的。"于是，我在工作学习之余，读了几类书：一是重温经典，用新的观点来读经典的著作。有两个收获——以前不明白的东西读明白了；知道了读懂经典的方法是要结合生活实践。二是钻研专业经典，如叶圣陶、吕叔湘等语文教育大家的文章一定要读，实际上现在一些课改的许多理念都在他们的文章中有论述。有一个收获——所谓大家是能够把深刻的道理用最浅显的语言讲述出来的，所以能如饮甘泉，醍醐灌顶，让自己很快发现自己的不足和浅薄，找到前进的方向和动力。三是阅读最新的教学资讯，了解最新的教学动态，让自己的教学与时俱进。

欧阳修说过看书有"三上"的时间：马上、厕上、床上，讲的是要利用一些"边角"的时间看看书，不做什么硬性的计划，但要养成习惯。我基本上是这样做的，大部分的书是在睡觉前看的，随手拿起，随意看看，十年下来积累的东西就多了。眼界和思维都高了一个层次，而且会在读书中领略到成功的快乐！

最近读了作家池莉的纪实小说《来吧，孩子》，对我们教育工作者和家长很有参考价值，值得一看。还看完了《小学语文教学不可忽视的100个细节》一书，对一线老师的启发帮助很大，也值得一看。暑假听教育部一位教授推荐杜威的《民主主义教育》，说涵盖了我们教育的许多问题，现在刚开始看，大家有兴趣也可以找这本书来看看。

11. 修炼自己的声音，让它引人入胜

（2009年10月28日博文）

忽然想起前些时候写的《教师的十二项修炼》朗诵诗，这是教育部早几年提出的要求，这次师德报告会，吴局长要求我写一首朗诵诗，把教师的十二项修炼写进去。仔细看看十二项修炼内容，我想，倘若我们的老师都能自觉进行相关的修炼，教学技能、教学水平一定能飞速提高。今天，我就谈谈这个第一项修炼吧。

上个月月末我们市举行了小学语文教师美文诵读比赛，有位封开的男教师

抽到比较靠后的顺序上场，在他之前，几位选手水平一般，我开始有点倦上。他读的是朱自清的《匆匆》，上场一开口，声音浑厚有磁性，通篇的处理抑扬顿挫，我听呆了，如果不是因为指定部分他发挥欠佳，他一定会取得好成绩的。可见，做老师，声音的吸引是很重要的。我想，要修炼自己的声音，应该做如下的训练：

一、正确发声

很多老师真的是用嗓子发音的，时间一长就会嘶哑，不说吸引学生，能讲课已经不错了。正确发声应该是用丹田，通过气息的震动发出声音，不仅不那么费力，还能取得好的效果。另外，丹田即中医所讲的"中气"，中气宜养不宜散。因此，生活有序，心境平和，是养气的基本。所以，不要为学生的事情动真气，教育学生是必须，但不必动真怒。这需要我们时时提醒暗示自己才能做到，我练了大约三年，所以，一直以来还算保持一把干净的嗓音。还可以吃些保中气的食物，如蜂蜜。还有一个方子：3克金石斛、10克红枣（去核）、10克杞子、10克赤灵芝片（若是热底的加10克杭菊）焗茶喝，很有效。

二、随着讲课的需要调整声音的大小强弱

经常听课，有的老师整节课都是一个调，没有任何变化，不仅不能吸引学生，而且对声音保护不利，因为气息得不到有效的锻炼，长此以往，中气越弱，声带越差。这就是学唱歌的人经常要练嗓子的原因。

三、进入状态

教课文也好，上其他课也好，进了教室，就要把其他事情放下。用抑扬的声音投入课堂教学，久而久之，你的课堂将随着你抑扬的声音变得引人入胜。

谈小学语文教育科研10篇

1. 经历教育科研，让人迅速成长

（2008年9月24日博文）

今天刮台风，学校停课，我一口气看了三个科研项目的报告、申报表之类的文章，并给相关人士提出了修改的意见。并不是说我有什么三头六臂，能力超强，而是这些年来教育科研课题的研究让我成长起来的。

许多人认为教育科研很神秘，是专家搞的，其实教育科研源于教育而高

于教育。当我们发现了身边的教育教学问题，加以留意记录，上升到相关的理论，整个过程就是教育科研的过程。

目前，国内流行行动研究和教育叙事，这是适合一线教师的教育科研。著名特级教师李镇西老师讲："真正的教育科研课题从何而来？当然应该从实践中来。也就是说，所有有志于教育科研的人，都应该眼睛向下，面对教育实际，面对实践，面对我们的学生。教育科研课题应该是在教育实践中自然涌现出来的，当教育者在教育实践中遇到困惑时，教育科研课题正在破土而出。"

平时，有学校和老师拿着一大堆成绩、成果对我说，这些成绩和成果总是不能变成教育科研的成果。我建议学校或老师抓住某个切入点，进行相关的研究，就能成为科研成果。例如，河苑小学在去年跟我谈起学校在学生行为规范方面工作有特色和成效，但没有科研成果，我阅读过他们提供的材料后，建议他们把《小学生行为规范教育读本》这一有城郊特色的东西整理成科研成果，结果得了广东省教育创新成果三等奖。经历了这个过程后，老师们最大的感触就是：教育科研不神秘！愿我们的语文老师都留意身边的新鲜教育教学现象，细心整理记录，查阅一些理论印证，你会发现自己在不断成长，我期待明年有更多散发着我们一线教师智慧的成果出现！

2. 语文科研选题

（2010年12月28日博文）

最近各级"十二五"规划课题陆续申报，大家的积极性都很高，我想就小学语文类给大家提供一些课题研究的方向，在制定课题时参考：

① 小学语文教辅资料开发、编制、使用研究；

② 小学语文校本课程开发研究；

③ 减轻学生作业量和课业负担的研究；

④ 提高学生学习语文的兴趣和教学质量的研究；

⑤ 小学语文因材施教、培优扶差的教学策略研究；

⑥ 小学语文与其他学科整合的研究；

⑦ 小学语文课堂教学水平、质量的评价研究；

⑧ 小学语文校本教研和教师专业发展的研究；

⑨ 小学语文教师基本技能和科研能力发展研究；

⑩ 小学语文幼小、初小教学的衔接研究。

以上是比较大的课题研究，以科组为单位研究的力量比较大，成效较高，推广价值大。以下的课题研究选题比较小，操作性强，比较适合教师个体完成：

① 小学语文课堂教学中，教师肢体语言对教学效果的影响研究；

② 小学语文课堂教学有效提问的研究；

③ 小学语文课前一分钟内容的序列研究。

3. 从身边入手做教育科研

（2010年1月3日博文）

这段时间很多老师和我谈起做教育科研课题的话题。因为做课题的确给我们的老师评先评优评职称带来很多实惠。功利也好，提高自身条件也好，很多老师的确是有比较大的积极性做课题。但是我们大多数老师都处于一种等待课题来做的状态。我赞同李镇西老师的观点：只有从基层解决实际问题才是真正的教育科研。目前，我们从事的科研课题大多是从上而下的一种模式，我们基层学校、教师能够做的多为大项目的子课题，思路、做法是大课题组制定的，无法根据实际情况修改。我觉得只有冲破这个框框，才能使教师对教育科研有个正确认识。

首先，教育科研可以是经验型的。也就是说，做的时候并没有意识是做了课题，但是结果具有创新性，回过头来总结整理，同样是一个很好的课题。例如，四小的书香校园育人模式的研究、七小的异地合作教研的探究、我自己的教研员下水课推动区域教研的研究，都属于这一类型，结果都成功了。

其次，可以是解决问题性的。就是说，自己的做法的确解决了实际的问题，怎样把它上升到理论高度，使之具有普遍意义，把问题作为课题来研究，也能取得好的效果。而且这也是教师迅速掌握科研能力的捷径，总结法、文献法、观察法、调查法等在实践当中已经一一验证了，如八中目前进行的走班教学、睦岗中心小学进行的分层教学。尽管全国有许多地方的经验已经比较成熟，但是目前来说，像八中、睦岗中心小学这样的生源和办学条件取得成功的还没有先例，关键就看他们如何整合这个课题的研究方向了。

最后，可以是自己喜欢的。也就是说，自己的喜好、特长也能成为一个课题。我有一位名教师培训班的同学，他喜欢书法，就把书法对学生文化素养的形成作为课题研究，研究得有滋有味。如此类推，口才好的训练学生的语言表达，形成一个课题；爱读书的，把班级读书活动做成一个课题，不一而足。

从身边入手做教育科研，大有可为。关键是你有没有这个想法，有没有把想法付诸行动。不要看到别人有了成果，就像那只吃不了葡萄的狐狸，说："我也曾经想过这个问题呀！"世间没有人会同情无所作为的人。

4. 郊区学校老师做什么科研？

（2010年4月9日博文）

这些天带着两镇学校的教导主任到两镇学校检查校本培训工作，在检查的项目当中，有5分是看学校教师是否开展了教育科研。在两镇，除了两所中心校，其他的学校规模都比较小，开展教育科研的意识和行动都相对缺乏。看到教育科研给学校发展、教师发展带来的实实在在的好处时，很多主任都向我提了这样的一个问题：像他们这样的小学校，每个级只有一个班，在任课教师缺乏交流的情况下，有开展教育科研的可能吗？

我的回答是肯定的。开展教育科研，大学校有大学校的操作，小学校也有小学校的搞法。两镇小学校的老师可以做叙事研究。叙事研究是指教师针对某个问题所做研究的记录。因此，研究切入的口子可以小，开掘可以深。比如，郊区学生课外阅读的策略研究，自己如何指导学生开展课外阅读？郊区学生的课外阅读与城区学生有何不同？（选材、阅读时间、读书收获的呈现等）我们老师把它细细整理，写成记叙文章，尤其是寻找现象背后的原因，整理出来就是一份很好的科研成果了。老师就是在写教育叙事的过程中，通过了解教育规律，改变教育方法，达到提高自我的目的。

因此，郊区的老师要做科研，不妨把目光放在自己的身边，对身边发生的教育现象多份关注，你会发现有许多值得你去研究的东西。比如，课堂提问的价值研究，课前活动的序列研究，农村学生学习兴趣培养研究等，这些都是我们天天在做，却没有好好研究的事情，你去研究了，记录了，就是科研啦。

这些教育科研根植于我们的教学实际，具有现实意义，对于提高我们的教育教学质量，提高自己的素质有着极大的推动作用。

5. 关于教育科研课题申报评奖的几点意见

（2010年5月28日博文）

本月底，我区2010年教育科研成果评奖将截止收材料。我对于广大教师立足教学实际、积极开展教育科研、破解教学难题的精神颇为欣赏，也对教师们积极的申报意识感到高兴。为了今后大家的成果能够拿到更高的奖项，得到最大范围的推广，对已经交来的材料初审后，我有几点建议供大家参考：

一、材料上交不齐全的问题

一般作为教育科研成果申报，首先要填写申报表，接下来要有结题报告（实验报告），这是课题最关键的材料。另外，根据结题报告的成果需要，附送必要的附属材料。这些是很多交来的成果比较缺乏的。要么只有报告没有附属材料，要么只有附属材料没有报告。

二、材料上交不对号

上交的附属材料与报告不相符，这也是一个不足。

三、课题名称不恰当

一般课题名称应该有"研究""实验""研探"等字眼，如果没有的话，课题的价值会打折扣。有几个成果只看题目我还以为是一篇论文。所以，会起名字很重要。广东人重实干、不重虚名是一种根深蒂固的传统，但既然是参加评奖，就要尽可能把材料做得好些，这样才有竞争力。

四、成果提炼问题

一个课题的研究针对的是教育教学的某一方面，而不是包罗万象，看到我们老师交来的报告，有相当多的成果把学校所有获得的荣誉罗列下去，这其实不好。只有跟课题研究方向相符的成果才算是研究成果，否则不可取，这会影响课题的效度和信度。

希望我们一线老师有更多的成果，为自己提升，也为我区创强做点贡献。

6. 给课题起个好题目

（2011年11月7日博文）

近日审批送省教育学会的课题，发现有些老师申报课题没有注意题目方面的斟酌。

下面就课题存在的问题提出一些解决的策略。

一、主体不清

有一个课题的题目是"帮助'学困生'从数学厌学到乐学的研究"，这个题目研究的主体不清，单从题目上看，研究的主体较混乱，如果改为"帮助数学'学困生'从厌学到乐学的研究"；或者是"帮助'学困生'从厌学数学到乐学数学的研究"会更加贴切。从申报表的论述来看，"帮助数学'学困生'从厌学到乐学的研究"较为恰当，上面第二个题目还是啰唆一些。

二、主次难分

有一个课题的题目是"语文教师学科专业素养提升途径的有效性探究"，这个题目单从字面上看，有提升途径和有效途径的研究混合之嫌，如果改为"语文教师学科专业素养提升的有效途径探究"，研究的主要内容是有效的提升途径，指向性更强，研究主体更清楚。

三、范围过大

有一个课题的题目是"初中体育与健康校本课程与乡土课程的开发、评估与教学管理研究"，这里包含两方面的研究内容：校本课程和乡土课程的开发、评估与教学管理研究，如果改为"初中体育与健康校本课程开发、评估与教学管理研究"，缩小范围，操作起来更实际一些。

不过，作为一线老师，能够积极参与课题研究，这种精神值得鼓励。所以，我还是通过了本区的审批，在本文中只是提醒我们老师在申报课题时，抓住从小处着眼及从可操作处入手这两个原则，努力提高课题研究的实效性。

7. 写课题的结题报告

（2011年5月17日博文）

最近，有一批课题结题和新一批课题立项，好几所学校的老师打电话给我，询问结题事项。我昨天发了一份通知并把结题需准备的材料清单附上，昨晚又有一个省课题的主持人请我看看他们的结题报告怎样写。

现在，评优评先评职称，都要做课题，尤其是一线老师做了课题后，往往不知如何收集资料，形成有质量的课题报告。经常听人讲做课题可以提升自己的水平和能力，其诀窍就在做课题的过程中。申报一个课题，我们要考虑它的价值，其最终价值体现在人的发展，是教师或者学生的发展。因而，做课题的研究目标就是发展人的某些方面的能力、研究发展人的途径和方法。抓住这个关键之处，课题的目标就清晰了。我们做的研究就围绕着这些目标开展，这样的研究才有实用和推广的价值。

经历几年时间，课题的工作做了一大堆，该结题了，结题报告，资料的呈现该怎样做呢？就此谈谈我的建议。结题报告一般分以下几部分：课题的由来；课题的研究步骤和方法；课题的研究过程；课题研究成果和结论分析；课题研究展望。

课题的由来要分析这个课题研究的背景、国内外研究的趋势、本课题研究的目的和意义。

课题的研究步骤和方法就是写清楚在什么时候用什么实验方法进行实验。

课题的研究过程是结题报告的重点，一个课题的价值主要看这个部分，别人通过看你的研究过程考查课题的推广价值和实际价值，写的时候就要把研究的过程、做法、取证等写详细。

课题研究成果和结论分析也很重要，是人家评定你的课题理论价值的重要参考，写的时候要用平实的语言，准确清晰地把研究成果表述出来，并要有相关的数据、表格等证明成果的真实性，篇幅过长的材料就以附件的形式呈现。切忌用一些形容词来写成果，结论分析也是用一定的理论证明成果结论是成立的。

课题的展望就是谈课题研究过程中尚未突破或者研究不深的问题，以及在今后的研究中将要努力的方向等。

8. 写课题的开题报告

（2011年5月25日博文）

最近有一批学校想在区里立项课题研究，我们的专家在对交来的立项申报书审批时，发现一个问题：许多老师不会写立项申报书。我想，立项申报书的内容基本上和课题的开题报告相似。因此，今天想跟大家分享开题报告的写法。

开题报告一般包括以下内容：课题的由来、本课题国内外研究的趋势、实验目标的确立、课题的界定和理论依据、实验步骤和方法、实验条件分析、课题的组织管理、预期成果形式等。

课题的由来：要谈本课题确立的背景、研究的实践意义和价值。这部分老师们在写的时候容易犯的毛病是内容空洞，写了一大通理论以后，没有其他东西了。其实这个部分是以本课题在本学科、本土的研究意义和价值为主。比如，写分层教学研究的，从理论上来说是因材施教的具体实践，很多地方研究得有相当效果，那么从课题研究的意义上来说，如何结合本校实际、地区实际，进行丰富、完善，才显出你这个课题的实践意义，否则，研究出来的成果，说不定人家早有了，就失去了课题研究的实际价值。

本课题国内外研究的趋势：这部分其实是看研究者对本课题研究的认识深度如何。如何在别人研究的基础上进行创新、发展、完善，这一点非常重要，这是一个课题确立的灵魂。你能在国内外研究的资料当中，发现别人未曾涉及的或者是研究不深的地方，进行研究，整个课题研究的价值就大了。

实验目标的确立：这部分要确立明确可操作的实验目标。不能用不可测量的说法代替实在的实验目标，如促进学校发展等。

课题的界定和理论依据：课题的界定是界定研究的范围，不宜过大。比如，有的老师写研究有效的合作学习机制，明显就过大，一个普通的老师或科组难以驾驭。界定越清晰越好，如构建小学语文习作教学的评价序列，界定了学科、学段、具体研究内容，操作性就明显增强。理论依据：从学科教学理论、教育学、心理学等方面确定，要标明出处。实验步骤和方法：把实验周期做好安排，每个周期用什么方法开展，预计达到什么效果要有个安排。一般来讲，我们一线教师做课题要采用文献法、总结法、调查法、个案法、行动研究法。我个人不是很赞成使用实验法。因为实验法需要有对比班，但是并非所有的实验都是成功的，万一失败，耽误的是一班学生。

实验条件分析：从实验组成人员的学历、能力方面分析软件条件，从设施设备、经费保障方面分析硬件条件。

课题的组织管理：确定主持人、主要参加者。这里要提醒大家，一般来讲，主持人是一个人。如果有课题要求主持人一定要高级职称的，才允许有两人。牵涉知识产权方面的问题，还要评优评先的话，基本是排在前三位的人员有效，因此前三位的人一定要是在课题组内从事主要工作的人，以免引起不必要的纠纷。

预期成果形式：一般是具体可感的成果。比如，课题开题、中期、结题报告以及论文、教案、光盘、调查表、图片、证书等。

9. 谈谈行动研究

（2011年7月16日博文）

行动研究是课改之后兴起的一种教师进行教育科研的方式，很受一线教师的欢迎，在发达地区的学校，教师把行动研究做成小课题，逐渐形成了个人操作的成果。我认为行动研究是介于正式的科研课题和集体教研之间的一种个体研究方式，具有比较浓厚的个人色彩。七年前，我第一次知道行动研究这种教育科研方式，并悄悄实践了五年，整理成为《县区级小学语文教研员下水课对区域教研推动及教师素质提高的研究》成果，该项成果的构成以教学叙事为主体，对我五年内上的"下水课"的教学设计和课后反思，加上感受的历程，形成一个教学故事，清晰地形成了一个推动区域教研活动的模式：教师遇到教学问题——教研员下水课研究——教研员和教师研讨——老师根据实际移植或修改完善——形成成果。教研员和教师在其中都得到了不同程度的发展。

所以，当有老师就行动研究的问题咨询我的时候，我现身说法的效果就强多了。一直以来，我都坚持一个观点：真正的教育科研课题应该从教育教学的实际中来，不管是不是立项课题，老师在行动研究中解决了问题，做出了成果，就是教育科研。目前比较纠结的是：大多数教育行政部门还是以在哪一级立项作为评比科研课题的重要指标，使广大一线教师止步在立项研究的门槛前，草根式的研究得不到支持。我接手我区教育科研管理工作之后，在区一级的评比中更多的是支持这些草根式的科研，这才是真正成长于教学实际的园地，更容易为一线教师所接受推广的成果啊！

好了，对于关注行动研究的老师来说，我给出的研究方式和方法有以下几种：

一、确定目标

目标宜小不宜大，行动研究是教师日常工作的组成部分，带有浓厚的个人色彩。比如，如何设计更好的课堂导入？那么我们的研究范围就确定在每天上课的课堂导入上，记录自己每天上课导入的效果，并查找一下效果好坏的原因，做好记录。

二、坚持记录和思考

根据确定的目标，坚持做好行动记录。比如，转化学困生问题，每个学困生的困难原因各有不同，转化他们的过程就是一个个鲜活的故事，在记录的每个故事的基础上思考并找出一些规律性的东西，这就是使行动研究提升品位的关键。没有思考和规律，你的故事只能是经验，在经验上总结出规律，才是研究。

三、及时发表故事或者论文

这个"发表"是指利用一切机会展示你的成果，在研究中推广，在研究中获得认同和支持，并通过"发表"获得资料的保存和别人的意见，使之完善提升，更重要的是自己获得成功的动力。著名心理学家盖茨说过："没有什么东西比成功更能增加满足的感觉，也没有什么比成功更能鼓起进一步追求成功的努力。"研究是寂寞的，不妨在寂寞中给自己一点力量，坚持走下去，取得更大的成功！

10. 教育科研成果的提炼

（2012年8月30日博文）

今年我区的教育科研成果评奖已经告一段落，本次评审有一个比较突出的问题，就是对教育科研成果的提炼不足。许多课题对自己实践过程中产生的成果，不会进行提炼整理，只是罗列了一堆成果出来，显得档次不高，价值不大。就此，我想谈谈这些年做课题或者指导课题的一些心得，供大家参考。

一、做好课题规划的前期工作

就是要做好实验的方案，有些课题有"构建""模式""序列"等字眼，那么在制定方案的时候，就要考虑你做这个课题的过程和目的基本是要进行梳理、构建的工作，要梳理思路、做法，形成模式或序列。既然是模式或序列，就要有一定的普遍性。

二、做好相关课题的资料收集工作

有些课题各地都在做，别人所做的课题和自己所做课题有何不同？从中提炼出创新点，这个创新点我以前也讲过，有三方面：对别人成果的发展；对别人成果的深化完善；完全是独创。这需要我们对别人的资料进行收集分析，才能找到其间的异同。

三、做好课题成果的整理分析

在实验过程中，我们会收到大量的课题成果资料，这些资料怎样用？首先，资料是为证明而用。在你的报告中，列出了什么成果，这些资料能够起到一个证明的作用，更重要的是从中发现原来忽略的成果。比如，去年一中的德育课题，在形成报告之前，让我看了大量的课题成果，却苦于难以提炼出一条好的成果出来。看到他们从初中到高中每个年级都有一个乡土渗透的教育设计在里面，我建议他们写下其中一条成果：形成了校本的德育渗透教材，把大量的材料整合在里面，这成为他们课题成果的一个亮点。

四、做好成果研究的推广辐射调查

课题推广价值的高低，往往决定了课题的整体价值，因此，做好这方面的工作，可以为深化课题研究、提升课题品位做好物质方面的保证。这对于一些教师自己做的行动研究作用很大。有些老师平时在教育或者教学中很有办法和心得，把这些方法在理论上进行提升，在方法上进行梳理，使之更具操作性，对于一线老师的帮助更大。

希望这些心得能够帮助我们的老师在下一次申报的时候，取得更多更好的成果。

三、区域小学语文教研文化的研究属性

小学语文教研文化既然是教育教学研究的文化，研究性必然是其重要属性之一。要树立教师即研究者、教学即研究的观点，教学研究既要注重解决实际问题，又要注重经验的总结、理论的提升、规律的探索；培养教师发现问题、研究问题、解决问题的研究意识，倡导科学的探究精神和实事求是的态度，从而营造一种求真、务实、严谨的研究氛围，在促进教师专业发展的同时，促进学习型、教研型教研文化的形成。

案例③ 科研课题研究框架下学习共同体的发展

要让教师得到内涵的发展，参与教育科研是一条捷径。通过一个课题研究的周期，教师要学习文献综述、制订研究目标、制订一系列研究方案、设计问卷，学习数据收集分析、课题成果论证等技能，实践和理论水平会得到一个质的提升，同一课题组成员在相互配合、支持、研讨当中得到共同的提高。

我们分三步来实施通过课题提升团队素质的战略。

第一步：教研员带领名师做课题。例如，现在被评为省特级教师的凌琳、罗俏仪两位老师，就是从2008年开始，跟随教研员杨晓红老师做广东省立项课题"创新教研方式，促进小学语文教师专业成长的研究"，通过三年的参与研究过程，了解了课题研究的基本程序，参与文献搜索和理论分析，撰写有关论文，以及撰写开题、中期、结题报告等工作，理论水平得到很大的提高，后来她俩独立主持的课题都获得了省、市的奖项，在市内、省内拥有了较高的专业声誉。凌琳成为省名师工作室主持人，罗俏仪被评为正高级教师。

第二步：已经成长的名师带领骨干教师做课题。例如，被评为新一批广东省特级教师的杨裕琴副校长。处在区内相对薄弱的学校，团队老师的素质不算好，她带领学校的老师根据学校的实际，做了"新经典的诵读与运用研究"等两个课题，课题的成果都获得了省市的奖项，并且在团队中带出了区学科带头人1人、学片教研负责人2人、市骨干教师2人，所在学校的语文科组年年被评为区优秀科组，取得了良好的社会效益。

又如，肇庆市端城小学的陆宇茵老师，一位草根教师，但通过"开放感官，改变思维，让低中年级的学生敢说、会说、乐写的实践研究"课题研究，收获颇大，她自编的《雨点报》出版了3年，如今变成了电子报刊，还带领了4位教师一起研究智能APP编辑电子报刊的方法、难易度和推广面，从实践型教师转向研究型教师，其研究的经验和成果在凌琳教师工作室得以推广和辐射。

第三步：跨学校师徒合作做课题。端州区的第四批师徒结对是采用导师团培养的形式，每组导师中有擅长开展课题研究的，就带领本组学员做课题研究，学员们在课题组中都有具体分工。相信经过三年的参与研究，学员的整体素质将会有质的提升。

以第四批师徒结对活动语文第四组为例，该小组导师6人，徒弟12人，全部来自不同的学校。在2017年5月，导师带领徒弟们一共申报课题3个，涉及班主任研究课题和语文学科研究课题。

第三章

区域小学教研文化的四个层面内容

一、区域小学语文教研文化的物质层

物质层，是以具体的物质形态加以表现的表层文化。区域小学语文教研文化的物质层主要体现为教研和科研成果的数量。

案例④ 端州区2013—2017年小学语文教研成果

2013年至今，小学语文学科所取得的教研成果多达1108项，涵盖论文、素养、录像课、发表、优质课等多个项目。具体数据见表1。

表1 端州区2013—2017年小学语文学科的教研成果

2013年	区年会论文获奖	区素养比赛获奖	市素养比赛获奖	省素养比赛获奖	省级以上发表论文			
	179篇	21人	2人	1人	18篇			
2014年	区阅读教学比赛获奖	市阅读教学比赛获奖	市学会论文获奖	市录像课评比获奖	省录像课评比获奖	省论文评比获奖	省阅读教学比赛获奖	省级以上发表论文
	18人	1人	25篇	30节	17节	38篇	1人	19篇
2015年	区年会论文评比获奖	区素养比赛获奖	省论文评比获奖	省级以上发表论文				
	107篇	17人	16篇	11篇				

续 表

2016年	区优质课比赛获奖	市优质课比赛获奖	市小语会论文评比获奖	市教育学会论文评比获奖	市录像课评比获奖	省论文评比获奖	省录像课评比获奖	省市一师一优课课例	省教学大赛获奖	省级以上发表论文
	17人	2人	80篇	111篇	49节	37篇	10节	19节	1人	13篇
2017年	区年会论文评比获奖	区技能大赛获奖	市素养比赛获奖	市技能大赛获奖	省素养比赛获奖	省技能比赛获奖	省论文评比获奖	省微课评比获奖	省级以上发表论文	
	119篇	10人	2人	2人	1人	1人	53篇	28节	33篇	

案例⑤ 端州区2013—2017年小学语文课题研究成果

2013—2017年，小学语文学科在课题研究方面也硕果累累。具体数据见表2。

表2　端州区2013—2017年小学语文课题研究成果

2013年	区优秀课题	区结题	市科研奖	省创新奖
	4个	7个	4个	4个
2014年	区成果奖	区结题	省创新奖	
	8个	8个	3个	
2015年	区结题	市科研成果奖	省创新奖	
	5个	3个	3个	
2016年	区成果奖	区结题	市科研成果奖	省创新奖
	7个	6个	5个	1个
2017年	区成果奖	区结题	省创新奖	
	13个	8个	3个	

二、区域小学语文教研文化的行为层

行为层，是指教师在参加小学语文教研活动中产生的文化，包括教研行为和教研方式。无论哪一级别的教研活动，学科组都是一个重要的教研载体。学科特色的教研活动，能够最大限度促进教师的专业成长，形成学科的教研文化。

案例 ⑥ 端州区小学语文学科的特色教研活动

区级层面有单数年开教研年会，确定热点话题，撰写论文评奖宣读、教师素养比赛活动，2017年的小学语文教学年会，有老师就学科教研文化的构建撰写了专门的论文，说明教师对区域教研文化的认可程度高；双数年进行教师课堂教学比赛。

学校层面，如肇庆市奥威斯实验小学开展课堂观察，促进有效课堂建设的教研活动；肇庆市第七小学、肇庆市龙禧小学举办隔周的读书分享活动；肇庆市实验小学、肇庆市十六小学坚持多年的磨课和"一人献一课"活动；肇庆市百花园小学、肇庆市第七小学、肇庆市第十一小学探讨信息技术与语文教学深度融合的问题；肇庆市第十五小学、肇庆市端州区黄岗小学研究传统文化、地方文化与语文教学相融合等，都是近年来各校开展的特色教研活动，教师通过参加学科的特色教研，拓展了学科视野，促进了多元发展，使语文课堂呈现出百花齐放的景象。

三、区域小学语文教研文化的制度层

制度层，主要包括小学语文教研组织方式、教研组织机构和教研管理制度三个方面。

案例 ⑦ 端州区片区教研安排、教研时间安排、视导制度（含所有学科）

端州区教育局教研室把全区40所小学（含分校区）按地域及强弱搭配分成五个片区（见表1）。由片区负责人针对片区特点每学期开展2～3次有效的教研活动，使各校各科的教研开展更有针对性和实效性。既避免了学校的力量不足，也避免了全区力量分散、不均衡的不足。同时，培养了一批责任心强、学术水平高的学科带头人。我们还制定了《端州区基础教育小学教学水平管理规程》，以片区为单位开展交叉评估，促进片区教学水平均衡发展。

表1　端州区小学学片安排表

片区	第一片区	第二片区	第三片区	第四片区	第五片区
所辖学校	肇庆市奥威斯实验小学（含岩前、新华、东岗校区）、河苑小学（含蓝塘、大冲校区）、黄岗小学、沙湖小学、春晖学校、长田学校、肇庆市学院附中（共7所学校）	肇庆市第一小学、肇庆市第九小学、肇庆市第十三小学、肇庆市实验小学、肇庆市端城小学、英才学校、爱华黄岗分校（共7所学校）	肇庆市第四小学、肇庆市第十六小学（含明月校区）、肇庆市龙禧小学、下瑶小学、出头小学、立仁学校（共6所学校）	肇庆市第六小学、肇庆市第八小学、肇庆市第十一小学、肇庆市第十五小学、铁路学校、加美学校、肇庆市第一中学实验学校（共7所学校）	肇庆市第七小学、肇庆市百花园小学（含实验校区）、睦岗小学（含实验校区）、大龙学校（含逸夫校区）、南国中英文学校、爱华学校（共6所学校）

在教研室协调的基础上，确定了全区小学各学科的教研活动时间（见表2）。保证教师参加校级以上的教研活动的时间，方便安排全区的教研、比赛等活动，能让教师集中精力搞好本学科的教研、科研，大大提高了各学科教研的效率，让老师研有所获。

表2　端州区小学各学科教研活动时间安排表

学科	语文	数学	英语	音乐	美术书法	体育	思品	科学	心理	信息技术
时间	每周二下午	每周三下午	每周四下午	每周四上午	每周二上午	每周四上午	每周二下午	每周五下午	每周二上午	每周五上午

以往每学期教研室到学校视导，都是各科教研员下去听课评课、调研，能在视导日被教研员听课的老师所占的比例太少，即使教研员水平很高，但个人的眼界、思想、教学风格都会有定式和局限，对教师的指引还是存在一定的局限。认识到这个问题后，我们改革了到校视导的机制。每学期把教研室要到的学校列表（见表3）。请全区小学阶段学校的学科名师、带头人报名跟随教研员到3所学校视导听课，参与该校的学科教研活动，每所被视导学校各学科有2~5位名师、学科带头人参与听课，规模较大的学校的大学科基本有一半教师接受视导听课，小学科全部教师接受视导听课，这些来自各校的名师参与任教学科的教研活动，发表意见和建议。

此举取得了多赢的效果：教研员通过名师听课、参与教研反馈，能够更深入了解各校的实际情况，以便制定更有针对性的措施帮助教师的专业发展；更明显的效果是一年下来，全区该学科的老师基本被听过一次课，大大提高了教研室视导的效率；名师、学科带头人参加其他学校的视导和听课，能够跳出本校来思考问题，取长补短，有利于打破学校间学术的界限，达到相互促进的作用；被听课的教师，能够得到来自不同学校的名师指点，吸收名师的教学长处，大大缩短了成长的周期。构建出一线教师、教研员、名师合作研究的群体，实现优势互补和共同成长。

表3　市、区名师和学科带头人参与教研室视导安排表

周次日期	视导学校	教师1	教师2	教师3
第4周 3月11—14日	一小	彭曼妮	梁宝珠	蓝秀娟
		邵君	李小清	莫邦新
		龙燕芬	俞书凤	
第5周 3月18—21日	十三小	朱惠芳	杨裕琴	董妙玲
		吕永梅	梁星梅	李东雄
		梁建欣	邓辉玲	
第6周 3月25—28日	龙禧小	黄杰平	李志玲	朱巧仪
		林肇坚	赵永明	李小清
		林汝清	张红	
第7周 4月1—2日	下瑶小	罗俏仪	凌琳	王宇红
		吕伟琴	吕永梅	
		梁思苗		
第10周 4月22—25日	六小	李清碧	刘静萍	陈伟洁
		杨健群	莫邦新	梁星梅
		梁婉红	陆梅红	

表3中参加视导的都是区内各学科的教学名师或学科带头人，他们进校视导主要采用课堂诊断的方式。视导前，教研室会收集学校急需解决的教学问题并对此进行研究讨论，将这些问题整理后发给参加视导的老师，以便这些老师有所准备，在视导中做到有的放矢。

我们还尝试更加深入的视导方式。为了提高薄弱学校的教学质量，由教研员牵头，组织区内名师、骨干教师，每学期对1～2所薄弱学校进行蹲点式跟踪

诊断。通过问卷调查、访谈、随堂听课、数据分析等方式，每学期对该学校进行2～3次的诊断，从中发现制约教学质量提升的因素，并提出切实可行的措施。

附 创新教研方式，促进小学语文教师专业成长的研究结题报告

肇庆市端州区教育局教研室：杨晓红（执笔）
肇庆市端城小学：凌琳（补充）
肇庆市第十六小学：罗俏仪（补充）

一、课题提出的背景

2002年秋季开始，肇庆市端州区作为广东省第一批基础教育课程改革的实验区，全面铺开了课程改革实验。全区600多名小学语文教师参加课程改革，面对课程改革的新理念，新教材的处理，新旧知识的把握和驾驭，大部分小学语文教师显得有些迷惘和手足无措，对于课程改革对教师的专业发展的影响，我们进行了调查。在调查中我们发现如下问题：

（1）新课程要求教师有独立处理教材的能力，教师囿于知识水平和传统教学模式的影响，对教材的处理还是依赖教参，离开教参几乎不会备课。

（2）部分积极参加新课程改革的青年教师，因教学经验不足，对课程标准的理念把握有偏差之处。

（3）面对因课程改革带来的各种观点碰撞，教师不知所措，难以判断正误真伪。部分教师还出现了职业倦怠。

（4）现代教学手段的使用，令小学语文教师忽略了自己的基本功训练，课件满堂飞，范写、范读等语文基本功不见了。

（5）过去老一套的教研方式（如教材分析、听课评课、集体备课、经验交流、以老带新等），因为带有太多的程式化色彩，缺乏交流和新意，为许多年轻教师所厌，这些教师参加教研的积极性不高。

面对以上问题，作为上级教研部门，有责任做好引领和指导的工作，而且，过去的一些教研方式也确实存在一些问题，影响了教师参加教研的积极性和教研活动的实效性。因此，通过创新教研方式，促进小学语文教师的专业成长，使小学语文教师获得专业的智慧和幸福的工作体验，既是教育改革的需要，也是提高整体教育质量要重点研究的课题。

基于以上原因，我们确立创新教研方式，促进小学语文教师的专业成长的研究课题。

二、课题研究方法

调查法、文献法、个案法、教育叙事、总结法等。

三、课题研究的时间

分三个阶段：

（1）调查摸底阶段：（2002.9-2003.8）这是对端州区小学语文教师专业发展状态摸底调查的阶段，主要是收集真实的资料，为全面开展研究做准备。

（2）实验研究阶段：（2003.9-2008.8）这个阶段逐渐出台一系列的措施，促进教研活动方式的创新，收集成果，总结推广好的经验做法，初步形成完整的活动系列。新一轮的实验争取获得广东省"百千万"教育指导中心的立项。

（3）总结推广阶段：（2008.7-2013.7）这个阶段是把前几年所推行的教研方式形成系列全面实施，根据新情况进行修正并付诸实践，结题和把相关经验推广。

四、本课题研究的创新特色

1. 突破了传统的教研方式，使教研活动成为小学语文教师专业成长的有效途径

传统的教研方式多为教材分析、听课评课、集体备课、经验交流、以老带新等。现在我们在这些传统教研方式的基础上，把教材分析变成教研员下水课和骨干教师引领，把对教材的处理变成具体的课例演绎，让教师对教材的理解把握更加形象有效；把听课评课等方式变为同课异构和磨课活动、教学诊断活动等，使教师的成长在实践中得到锻炼；通过网络教研方式和远程教研活动，让教师和教研员、骨干教师充分互动，使教师在不断的磨炼中成长；与外地名校、本地名校和薄弱学校一起开展丰富多彩的研究活动，以及以学片为单位的中心教研活动，使教育资源达到共享，拓宽了教师专业视野，拓宽了教研渠道；通过教研员蹲点扶持薄弱学校，帮教师制订专业学习计划，制订科组活动计划，做好教师专业发展规划，提高薄弱学校教师素质，达到提高教育质量的目的；通过跨学校师徒结对方式，培养青年骨干教师，影响一大片，达到以点带面的效果；通过跨学科教研，取长补短，更新教师学科视野和角度，达到融会贯通的效果。

2. 抓住小学语文教师专业成长作为研究方向，具有很强的研究价值和推广价值

教师专业成长是近年来教育界的关键词，教师专业成长成为教育关注的焦点。任何教育的改革，教师得到发展才能最终推动教育改革的良性发展。"对教师专业化的意义，可从两个方面来认识：一个方面是从教师这一职业地位的角度。……也就是说教师专业化旨在建立起提高教师地位与提升教师专业水平的互动机制。……另一方面，对教师个体而言，教师专业化有助于形成教师个体的生存力和发展力。"（华南师范大学卢晓中《对教师专业化的若干认识》）我们的课题研究抓住了小学语文教师专业成长作为研究方向，具有很强的研究价值和推广价值。

3. 能给县区级教研活动提供有价值的经验，为扎实开展教学研究、推动课程改革、提高教师专业水平提供了一个比较成功的研究案例

自从取消了乡镇级教育办公室以后，县区级教研活动是组织教师参加专业提升的最基层的单位，如何扎实有效地开展教研活动，是大家一直在探索的问题，尤其是像肇庆这样教育相对落后的市县，如何提高教研的有效性，加快融入珠三角，整体提高当地的教育教学水平，本课题的研究成果有着积极的意义。我们的研究为深入推进课程改革，提升广大教师的专业水平提供了一个比较成功的案例。

4. 创新了一系列的教研方式，提高了教研的效能，整体提升了区域小学语文学科的教研水平

随着教育现代化水平的提高，原有的一些教研方式已不能适应教研发展的要求。我们的课题研究采用滚动研究的方式，在11年的研究过程中不断创新教研的方式，提高教研的效能，从而整体促进区域小学语文学科乃至其他学科教研水平的提高。比如，远程教研、示范引领、教学诊断、跨学科听课、专题式教研等已成为省内先进的教研方式，得到了专家、同行的认可。

五、课题研究的主要成果

（一）形成了九项行之有效的教研方式

1. 教研员下水课和骨干教师示范活动进行专业引领

教研员为了让教师更好地理解和把握教材，解决教师在使用教材时或语文课堂教学时出现的困惑，利用下水课进行专业的引领。近十年来，教研员把

小学语文的各种课型、在各类学校，以平均每年上两节研讨课的形式全部展示过。教研员亲自下水，上课研讨，示范引领的作用非常明显，这在广东省还是少见的一种教研方式。这个方式极受一线教师的欢迎，教师由模仿到创新，通过备课、研究、上课这样的过程强化对课标的理解，对其他课的教学产生了一种迁移，走到教学的深处，探求教学成功的奥秘，取得的效果非常明显，多名教师迅速成为肇庆市的名教师和学科带头人，如凌琳、刘浩宁、罗俏仪、黎彩萍、康燕文、杨裕琴老师等，而且教研员和一线教师都得到了成长，达到教学相长的效果。

表1　教研员下水课一览表（截至2013年6月）

时间	地点	课题	年级	课型
2002年3月、6月	肇庆市实验小学 广州乐贤坊小学	《只有一个地球》	五	阅读课
2003年5月	肇庆市实验小学	《田忌赛马》	五	阅读课
2004年4月	肇庆市百花园小学	《穿越时空会古人》	六	作文课
2005年5月	肇庆市第十五小学	《太阳是大家的》	三	阅读课
2006年12月 2007年11月	肇庆市第七小学 封开县南丰中心小学 江口镇中心小学 肇庆市第十六小学	《七律·长征》	五	阅读课
2007年4月、5月	肇庆市第十六小学 肇庆市第一小学	《聊聊热门话题》	五	口语 交际课
2007年6月	肇庆市河苑小学	《西门豹》	三	阅读课
2007年11月	肇庆市第十五小学	《轻扣诗歌的大门》	六	综合性 学习课
2008年4月	肇庆市河苑小学	《自己的花是让别人看的》	五	阅读课
2009年3月	肇庆市第十一小学	古诗词背诵	六	综合课
2010年4月	肇庆市第七小学	《我最好的老师》	六	阅读课
2010年5月	肇庆市第七小学	《我最好的老师》习作评讲课	六	作文课
2010年11月、12月	肇庆市睦岗镇中心小学 肇庆市端州中学	《凤辣子初见林黛玉》	五	阅读课
2013年3月1日	肇庆市第四小学	《中彩那天》	四	阅读课

我们重视骨干教师的引领作用，开展了骨干教师到郊区或薄弱学校上示范课，开讲座，骨干教师跨学校、学区收徒结对，以及到郊区学校支教一年等活动，大力推动了郊区和薄弱学校教师教研活动的开展，为教师专业发展提供了便利条件，营造了浓厚的教研教改氛围，取得双赢的效果。例如，省级骨干教师杨裕琴在睦岗学片中心教研组上示范课；市级骨干教师邓展霞在两镇学片中心教研组开讲座；省级骨干教师罗俏仪、黎彩萍、凌琳等老师更是每学期都开公开课或讲座，受到好评。罗俏仪、刘浩宁等老师到郊区学校支教一年，帮助学校培养教师，形成规范的教研制度等，受到学校好评和老师称赞。

2009年和2010年，区教研室还专门安排了肇庆市名教师、学科带头人的教学专场观摩会。4位市名教师、11位市学科带头人和4位区教学能手分别选择在区内名校、普通学校和郊区学校奉献了20节精彩的语文课，课后还组织前来听课的老师们进行了评课研讨活动。由听课老师不记名打分，听课老师对这些名师课都给予了较高的评价和评分。该活动的举办，使区内广大语文教师足不出户就听到了高水平、高质量的课，拉近了名教师、学科带头人与大家的距离，受到一致好评。

表2　2009年名师、学科带头人示范课一览表

姓名	所在单位	名师类型	课题、课型	时间、地点
杨晓红	区教育局教研室	肇庆市名教师	古诗词背诵（综合课）	3月5日肇庆市第十一小学
黎彩萍	肇庆市第十六小学	肇庆市学科带头人	《卖火柴的小女孩》（阅读课）	3月6日肇庆市第十六小学
梁惠群	肇庆市第十六小学	肇庆市学科带头人	《触摸春天》（阅读课）	3月6日肇庆市第十六小学
王宇红	肇庆市端城小学	肇庆市学科带头人	《杨氏之子》（阅读课）	3月11日肇庆市端城小学
凌琳	肇庆市第十五小学	肇庆市名教师	《最大的"书"》（阅读课）	3月12日肇庆市第八小学
黄杰平	肇庆市第四小学	肇庆市学科带头人	《惊弓之鸟》（阅读课）	3月13日肇庆市第四小学

表3　2010年端州区小学语文名师示范课情况表

姓名	学校	称号	上课课题和年级	上课时间	地点	得分
黄杰平	市四小	市学科带头人	二年级《我要的是葫芦》	11月2日（上午第二节）	大龙学校	98.52
刘静萍	市四小	市学科带头人	六年级上册第14课《鹿和狼的故事》	11月2日（上午第三节）	大龙学校	92.35
评课主持：陈鲁飞						
康燕文	黄岗小学	市学科带头人	四年级《说端砚》	11月9日（下午第一节）	黄岗小学	92.24
谭映	龙禧小学	区教学能手	六年级《老人与海鸥》	11月9日（下午第二节）	黄岗小学	95.39
评课主持：康燕文						
黎彩萍	十六小	市名师	四年级《纪昌学射》	4月26日（下午第一节）	铁路学校	93.96
罗俏仪	十六小	市名师	四年级《秦兵马俑》	11月9日（下午第一节）	河苑小学	98.83
评课主持：陆绮雯						
梁惠群	十六小	市学科带头人	四年级《普罗米修斯》	4月26日（下午第二节）	铁路学校	93.88
王宇红	端城小学	市学科带头人	五年级第七单元《日积月累》	11月16日（下午第一节）	河苑小学	97.01
评课主持：陆绮雯						
凌琳	端城小学	市名师、省特级教师	四年级《古诗二首》	11月23日（下午第一节）	九小	99.1
评课主持：陈小霞						
张叶	百花小	市学科带头人	三年级《给予树》	11月23日（下午第一节）	蕉园小学	95.74
刘婷	百花小	市学科带头人	六年级《有的人》	11月23日（下午第二节）	蕉园小学	94.78
评课主持：刘燕晓						
蓝秀娟	奥小	市学科带头人	三年级《花钟》	11月30日（下午第一节）	新华小学	98.98
石磊	市十五小	市学科带头人	四年级下册《望洞庭》	11月30日（下午第一节）	岩前小学	98.28
评课主持：梁玉洁、朱月嫦						

续 表

姓名	学校	称号	上课课题和年级	上课时间	地点	得分
杨裕琴	睦岗中心	区教学能手	六年级第五单元作文课	11月30日（下午第一节）	睦中心小	96.98
评课主持：黄健嫦						
杨晓红	教研室	市名师、省特级教师	五年级下册《"凤辣子"初见林黛玉》	12月2日（初定）	睦岗中心小学（电教室）	
评课主持：杨裕琴						

另外，2009年和2011年还启动了"范例式"导师辅导新教师和重点培养对象、跨学校师徒结对的活动，精选了4位肇庆市名师和学科带头人以带徒弟的形式，跨校培养新教师和重点培养对象共15人（见表4）。"范例式"即导师和徒弟选定一节课（或者一个单元），先由导师示范备课、上课，徒弟模仿、修改达到成熟。经过一个周期的实践，取得了相当好的效果。2011年5月，第一批师徒结对的弟子进行了学业成果汇报，取得了良好成绩，4名导师被评为优秀导师，9名学员被评为区"教坛新秀"；进行师徒磨课、辩课等活动，扩充导师和学员队伍，让更多的教师受益。另外还确定了16名重点培养对象，与其所在学校签订培养建议书，由学校以科组为单位重点培养，力求让这些教师早日成才，发挥辐射影响作用。

表4 2009年范例式培训导师与学员情况一览表（2009年3月）

导师	导师所在单位	学员	学员所在单位
杨晓红	区教育局教研室	张巧儿	肇庆市实验小学
		吴智勤	肇庆市第四小学
		钟国嫦	肇庆市第七小学
		林苑	肇庆市第十一小学
		连思	肇庆市第十六小学
		程月敏	肇庆市龙禧小学
凌琳	肇庆市第十五小学	陈劲	肇庆市第十五小学
		胡洁玲	肇庆市第七小学
		叶剑如	肇庆市大龙学校

续 表

导师	导师所在单位	学员	学员所在单位
黎彩萍	肇庆市第十六小学	谢伟琴	肇庆市第十六小学
		曾文艳	肇庆市龙禧小学
		白健梅	肇庆市黄岗小学
黄杰平	肇庆市第四小学	高春燕	肇庆市第四小学
		钟丽琼	肇庆市第六小学
		陈洪莲	肇庆市沙湖小学

表5 端州区小学语文第二批师徒结对名单（2011年9月）

导师姓名	称号和职务	导师所在单位	徒弟姓名	学校
杨晓红	特级教师市名师 区教育局教研室小语、 思品教研员	区教育局教研室	邓绮园	一小
			欧绮宁	四小
			黄颜华	七小
			苏韵静	奥小
			赖颖	十六小
			周雪华	十一小
			黄伟萍	龙禧小
			伦咏梅	十五小
黄杰平	市学科带头人 市四小副校长	四小	李萍	九小
			何伟霞	四小
			陈华雪	十七小
黎彩萍	市学科带头人（首批） 市名师（第二批） 市十六小副校长	十六小	谭秋凤	四小
			丁晓洁	奥小
			梁欣莉	六小
蓝秀娟	市学科带头人 奥小副校长	奥小	朱永婵	奥小
			梁依利	黄岗小
			江爱兰	十一小
凌琳	特级教师 市名师 端城小教导处副主任	端城小	麦少梅	端城小
			李云媚	七小
			杨清月	睦中心小

导师姓名	称号和职务	导师所在单位	徒弟姓名	学校
罗俏仪	市名师 十六小教导处副主任	十六小	容雪萍	十六小
			罗倩	奥小
			区甘露	十三小
杨裕琴	区教学能手 睦中心小副校长	睦中心小	卢楚华	八小
			刘静雅	八小
			童怡	睦中心小
谭映	区教学能手 龙禧小德育处副主任	龙禧小	赵睿睿	龙禧小
			陆宇茵	端城小
			何凤玲	九小
石磊	市学科带头人 十五小德育处主任	十五小	黄晓韵	十三小
			钟丽婷	十五小
			苏思颖	七小
刘婷	市学科带头人 百花小教导处副主任	百花小	吴海燕	百花小
			邓金燕	九小
			梁习慈	睦中心小
王宇红	市学科带头人 端城小教导处副主任	端城小	梁丽仪	河苑小
			黄水莲	实验小
			李江玲	端城小
刘静萍	市学科带头人 市四小语文科组长	四小	梅丰	四小
			胡艳娟	铁小
			曹燕华	沙湖小
梁惠群	市学科带头人 市十六小语文科组长	十六小	苏柳媚	十六小
			廖凤清	百花小
			刘勇燕	龙禧小
康燕文	市学科带头人 黄岗小学语文科组长	黄岗小	柳立军	端城小
			李水凤	奥小
			梁惠清	下瑶小
合计	导师14人		徒弟47人	

表6　端州区师徒结对汇报课安排表（小学语文）（2011年）

徒弟姓名	导师姓名	所在学校	上课时间	上课地点	上课内容	得分	研究专题
陈劲	凌琳	十五小	5月10日下午第一节，第二节为评课及学习成果汇报	端城小学电教室	四年级上册《送元二使安西》	94.86	古诗教学专题（用三年级学生上课）
白健梅	黎彩萍	黄岗小学	5月10日下午第一节，第二节为评课及学习成果汇报	十六小电教室	四年级下册29课《纪昌学射》	85.67	寓言教学专题
曾文艳	黎彩萍	龙禧小学	5月17日下午第一节		二年级下册27课《寓言二则》	92.70	
谢伟琴	黎彩萍	十六小	5月17日下午第二节		二年级下册27课《寓言二则》	95.66	
吴智勤	杨晓红	四小	5月24日下午第一节	七小电教室	六年级下册第四单元的日积月累和趣味语文	95.31	语文园地教学专题
程月敏	杨晓红	龙禧小学	5月24日下午第二节		五年级下册第三单元交流平台	90.51	
高春燕	黄杰平	四小	5月24日下午第一节	四小电教室	二年级下册24课《玩具柜台前的孩子》	95.79	略读课文教学专题
陈洪莲	黄杰平	沙湖小学	5月24日下午第二节，第三节评课及成果汇报		二年级下册32课《阿德的梦》	94.07	
钟国嫦	杨晓红	七小	5月31日下午第一节，课后评课及成果汇报	七小电教室	二年级下册园地八的读读背背	92.98	语文园地教学专题

2. 开展形式多样的网络教研

2009年9月，端州区成立了"肇庆市端州区杨晓红（小学语文）名师工作室"，工作室依托和组织区内的各项教研活动，丰富教研形式，培养青年教师，其中"杨晓红名师工作室http://blog.163.com/dzjysyxh@126/"是由语文教研员主笔，面向全区小学语文教师的教研博客，教师借助这个平台参与教研讨论，发表评课意见，参加学术研讨。从2008年9月开通，到2013年6月，已发表原创博文800多篇，内容包括对语文教学本质的探讨、教师课堂教学艺术的锤炼、名师课堂的分享与点评、教学疑难问答等。约60万字，访问量超过31万人次，受到了广大教师的欢迎。尤其是2012年3月在端州区小学语文教师阅读教学大赛上，采用了手机短信评课的方式，使全体听课教师都参与评课，现场共收到对10节比赛课的300条评课意见，在博客上分享后，反应热烈。

端州小学语文zqdzxxyw@126.com——这个公共邮箱包含了区内教研活动的所有资料，教师可以共享，教师参加教研的积极性大大提高，同时提高了教研效率。

端州区小学语文师徒结对QQ群137271489——这个群是各校语文教师发表即时信息、分享教育教研成果的平台。

同时，我们还有利用信息技术开展跨地区的远程互动教研，与广州、深圳、香港、顺德、浙江等地开展远程互动教研，取得相得益彰的效果。2012年9月,杨晓红老师受省教育厅的委托主持首届全国中小学信息技术成果展演之远程教研活动，是该项展演唯一全程5个环节都由我区语文学科教师主持的活动，受到教育部、广东省教育厅的领导好评。

3. 中心教研组活动

从2005年开始，我们恢复了以学片为单位的中心教研组活动。我区40所学校分成3个学段、5个学片、15个中心组开展每学期3次的教研活动，教研活动以集体备课、公开课观摩、研讨教学问题等形式开展丰富有效的活动，使教学资源得到共享，薄弱学校的教研活动得以规范和获得名校扶持。大批教师成长为骨干教师，如十一小的林苑、李坚素，八小的甘惠君、卓婵、温兰芳等。

4. 磨课、同课异构及教学诊断活动

磨课和同课异构活动是近年新兴的教研方式，对于教师的专业成长有好处，我们把这些教研方式介绍给学校，受到了欢迎。老师们的教学水平在磨课和同课异构活动中得到了切实的提高，教育观念和教育思想得到了更新，教学手段也得到了改进。

例如，十六小以参加比赛课和一年一度的"一人献一课"为契机，通过集体备课、试教、诊断、修改等磨课历程，以同课异构、错位教学等方式，帮助教师实现自我超越。在评课过程中，老师们抛开自我防卫，通过深度会谈、讨论、交流、磨课等团体学习方式，使教师快速成长。通过课题研究，老师们享受了整个研究的过程，实现了个人价值。以下是研究过程中二年级语文科组进行同课异构的一个实例。

"同课异构"教学研讨为教师们提供了一个面对面交流互动的平台。在这个平台中，老师们共同探讨教学中的热点、难点问题，探讨教学的艺术，交流彼此的经验，共享成功的喜悦。多维的角度、迥异的风格、不同的策略在交流中碰撞、升华，这种多层面、全方位的合作、探讨，整体提升了教师们的教学教研水平。

（1）确定课题，自主备课。二年级组的老师首先经过讨论，确定上课的内容为第23课《三个儿子》，然后每位教师认真、深入地钻研教材，查阅资料，挖掘各种可用的教学资源，再根据自己对教材的个性解读和本人教学优势制订教学目标，预设教学过程，提出自己的疑惑之处。

（2）说课讨论，修改教案。在每周一次的教研组活动中，每位教师把自己对这一课教学目标的设置、采用的教学方法、教学过程的预设及设计理念进行阐述，也提出自己的困惑供大家讨论。大家各抒己见，仁者见仁，智者见智。然后，确定其中比较有代表性的、比较新颖的4篇设计方案进行细致的讨论、斟酌，再让这4位教师轮流上课。

（3）上课，评课。这是很关键的一个环节。备课研讨中遇到的问题，预设的教学过程是否能达到预期效果等问题，在比较中就有了结论和答案。例如，二（3）班的孩子最喜欢听故事，林老师在教学设计中，以故事导入新课，在拓展部分，搜集了一个《乌鸦爱妈妈》的故事，请了班上一个会讲故事的同学上台表演，同学们都兴趣盎然地投入学习中，效果良好。又如，二（4）班的孩子灵活，喜欢画画，周老师在拓展部分，安排了设计心意卡这一环节，学生在写写画画中理解了课文的内容，深化了主题。每一次教学都是一种尝试，有尝试、有比较、有反思，才能有提高。上完课后，首先让上课教师做课后小结，然后其他老师进行互动评课，最后总结出值得借鉴的方法和经验。

同课异构的目的不在于评出课的优劣，也不是比谁的教学能力强、谁的教学能力弱，而是引导教师不"唯教材、唯教参、唯名师"是用，将精力用在分析学生特点、学习方法及学生的真正需求上，用在课堂实效上，使每一位热衷于教改实验的教师都有机会展示自己的研究思路，以便共同提高。面对新课程，不少教师不是缺少先进的理念，而是缺少理念与实践有机结合的能力和机智。如何理解新课程、把握新教材、实施新教法，不少教师心中常感惴惴，仅靠个人孤军作战、冥思苦想是不可行的。一位名人说过："你有一个苹果，我有一个苹果，交换后每人还是一个苹果。你有一种思想，我有一种思想，交换后每人有两种思想。"同课异构的教研方式，可以引发参与者智慧的碰撞，可以长善救失，博采众长，明显提高教育教学水平与教学效果。

在开展同课异构教学、对比教学及磨课等多种形式的教研活动过程中，每一位教师都是教研的主体，他们既是老师，也是学生。通过活动，有效提高了教师的专业水平，使一些新教师突破自我、超越自我，迅速成长，一些经验型教师也逐渐向专家型教师转变。近年培养了一批骨干教师，何佳荫老师参加肇庆市小学语文阅读课比赛获得一等奖，参加端州区小学语文教师朗读比赛获得一等奖，她所写的论文《巧用课堂评价语》获得端州区小语年会论文评比一等奖；梁遂心老师参加肇庆市小学语文作文课比赛获得一等奖，参加端州区小学语文教师朗读比赛获得第一名；连思老师参加端州区小学语文阅读课比赛获得一等奖。

七小开展磨课和同课异构活动，教师的专业水平得到发展。七小的刘小珠原来是默默无闻的青年教师，参加磨课活动后，进步很快，在肇庆市教育局组织的送课下乡活动中，送课到怀集县和德庆县，受到一致好评，而且在2008年参加端州区青年教师阅读教学比赛时一鸣惊人，获得一等奖和板书设计奖。

教学诊断也是近年来教师专业发展和学校内涵发展的重要形式，以下是省特级教师凌琳通过对弟子胡洁玲老师不同阶段的教学诊断，帮助她走上教师专业发展的道路的案例。

师徒结对之初，胡洁玲老师上了一节三年级的习作课。这是她的第二次试教，整合了七小语文科组的评课意见，但效果不佳，主要是教学目标严重越位了。对于三年级的学生，作文教学应提倡有话可说，以段落教学为主，让学生学会表达自己的真实情感，至于环境、语言、动作、神态、心理活动等的描写，是五年级要求的内容，标点和段落的修改是六年级的要求，同时在短短的时间内要求学生写一篇文章，要求太高了。

课后，凌琳老师着重指导胡洁玲学习了课标中关于中段习作的要求，并结合课标要求让小胡对这节课的教学目标进行了反思。经过学习、反思，胡洁玲对教学设计进行了大幅度的修改，本课的教学取得了较大的突破，她的这节课最后被推荐为全区的公开课，效果也不错。在这次师徒活动中，小胡深刻地体会到，要脚踏实地地教学，根据课标对各年段的要求，根据每一个单元的要求，根据每课的教学目标要求，扎扎实实地落实好每个环节。"小学语文教师只做小学语文教师的事，语文教师只做语文教师的事，这节课只做这节课的事。"

第二次的教学诊断，主要关注的是教师对课堂生成的把握。这一次，胡洁玲上的是《巨人的花园》。此次教学她结合以读带讲，情境创设的教学方法，展示的是一名教龄为一年的新教师对新课标的理解与对教材的把握能力。相比半年前的作文课，胡洁玲在教学目标的设置上非常注意，而且她还十分注意让学生在读中感悟文本内涵，让学生跳出文本与作者对话，实现了课内外较好的衔接。但是在教学过程中，她还过于拘泥教案程序和自己的见解，忽略了学生的独特感悟，以至于错过了一些精彩的课堂生成。当然，教师要熟练捕捉课堂的教学生成，这需要不断地实践。所以，凌琳老师给她的建议就是在接下来的课堂教学中逐渐淡化教案的程式化，注意捕捉学生的课堂生成。

又过了半年，凌琳老师带了3名徒弟送课到郊区农村学校——大龙学校，上的是复习专题。胡洁玲选择的是病句修改这个内容。虽然她事先对任教班级的学生情况进行了摸底，适当调整了教学内容，但在课堂上仍感觉训练量偏多，训练难度超出了学生的实际。此时，凌老师给她的建议是要以学定教，课前要充分了解学生的学情，课中要结合学情适当调整教学设计，只有这样，语文课才上得扎实，知识点才能落实。

2012年对胡洁玲进行教学诊断是其拜师后的第四年。此时的她经历了结婚、生子，个人更加成熟、稳重。她上的是一节比赛课《那片绿绿的爬山虎》。在这节课的把握上，整合了前三次的意见，教学效果比较理想。她需要注意的是，老师要有耐心，尤其是对某些关键语句的体会，如果能耐心点听完学生的回答就更好了。

四次诊断，帮助胡洁玲在短时间内完成了一名新教师到校级骨干教师的转型。她有自己的思想，有自己的经验，已成长为学校的年级组长，实现了她个人专业发展中的第一次华丽转身。

另一类的教学诊断还和教研诊断结合在一起。2013年3月起，我们请区内的特级教师、名师、学科带头人与教研室一起到学校视导，主要的做法是被视导学校提交本校教育教学的主要问题，名师和教研员根据问题听课和参加学科的教研活动，并对该校的教师上课、教研活动做出诊断。该项活动取得了很好的效果和反映：更多的教师得到指导，学校间好的经验和做法得到交流和融合。今后将会继续细化这方面的工作，力求让更多的教师和学校受惠。

5. 与外地名校和本地薄弱学校挂钩活动

从2007年起，我区的第七小学与佛山第九小学挂钩，成为校际教研合作学校。语文学科作为两校的品牌学科进行了多次的磨课和研讨交流活动，使七小的语文教师在佛山九小的教师带动下，取得了进步。肇庆市第七小学与佛山九小的合作交流在区内取得了良好的反响，成为融入"广佛肇"经济圈全面合作先行先试的亮点。目前，区内许多学校都酝酿与外地名校合作交流，强化教师团队建设，促进教师专业发展。

2009年，肇庆市实验小学与高要一小、鼎湖逸夫小学共同合作，探索三地跨区3S教研研讨活动，通过磨课、评课、研讨等形式，促进了三地教师的成长，也促进了三所学校的共同发展。在5月15日，三所学校在肇庆市实验小学进行了一次研讨活动，各校的优势科目派出老师上课，实验小学负责上语文课，李玲老师执教的四年级阅读课《生命生命》以耳目一新的设计、扎扎实实的教风令听课者大受裨益，受到与会者的好评。

十六小与广东省名校华师附小、广州体育东路小学经常进行互动交流，多次组织教师到华师附小听课，参加教师培训；还邀请两所学校的名师到十六小做报告，促进校际交流，向名校学习，提高老师们的专业素养，促进教师们成长。同时，十六小作为端州区的名校，积极与河苑小学、广宁新城小学挂钩，开展教研、教学交流活动，十六小每个学期都组织青年教师到河苑小学、广宁新城小学上研究课，并进行评课，加强了研究的目的性，使一批青年教师得到了锻炼，并提高了专业水平。

从2006年起，我区启动教育均衡发展的战略措施。为了寻求更大的发展和提高，我们牵线让薄弱学校与名校挂钩，如第十一小学与名校实验小学挂钩，岩前小学与名校十五小挂钩，双方都有详细的合作计划，薄弱学校的教师参与名校全方位的教研活动，取得了良好的效果，学校整体教学水平得以提高。语文科作为十五小学和实验小学的品牌学科，多次举办研讨活动，取得了良好的反响，尤其是岩前小学与十五小的合作经验在肇庆市的教研会上做了介绍，给农村小学如何规范教研制度、提高教师素质提供了成功的范例。

6. 教研员到学校蹲点活动

教研员为帮助薄弱学校和郊区学校建立规范的教研制度，帮助教师获得专业成长，从2004年起，分别到不同的薄弱学校蹲点，语文教研员杨晓红老师蹲点的是城区的薄弱学校十一小、郊区的薄弱学校河苑小学的蓝塘校区。教研员定时到学校指导制订教研计划，开展教研活动，解决教学中出现的疑难问题，帮助了解教育形势，转变教师观念，使薄弱学校较快地改变面貌，提高了教师的整体素质，教学质量不断提升。

7. 开展有计划、有特色的送课下乡活动

开展有计划、有特色的送课下乡活动，既深化了与外地的交流，也锻炼了一批有相当专业水平的骨干教师。有计划是指参加送课的老师是精心挑选的，既有一两年教龄的青年教师，让他们锻炼成长，也有教龄长的骨干教师，让他们历练提高，形成风格，成为有影响辐射的名师；有特色送课是把语文各类课型分别送出，使各类课型的研究得到相当的重视。例如，十六小只有一年教龄的苏柳媚老师参加了学校的同课异构活动后，送课到怀集县受到了好评；十五小的刘浩宁老师分别在我区的下瑶小学和广宁县上口语交际课；一小的黎结宁和张月维老师在全市骨干教师交流活动上略读课文和口语交际课；十六小的何佳荫老师在我区河苑小学上识字课；七小陈健老师在封开县上精读课等。

8. 跨学科听课教研，构建语文科组特色

科组是教师成长的重要环境，通过科组建设，细化教师专业成长的环节，规范教研活动，促进形成科组建设的特色。从2005年起，我们每3年进行一次科组评比，通过评比促进学校的科组建设，为教师的专业发展提供良好的教研环境。各学校也根据评比要求打造本科组特色，许多学校的语文学科都成了学校的品牌学科，大批教师在科组活动的引领下获得了专业成长的快乐。

以获得市级"先进集体"表彰的十五小语文科组为例，在创建科组特色方面就卓有成效。作为学校的精品学科，十五小语文科组一直彰显着自己的"排头兵"作用。多年以来，十五小保持着跨学校、跨学区、跨地域听课的模式，2007年11月7日，十五小语文科组率先开始了跨学科教研活动。活动当天，十五小语文科组参与了十五小、岩前小、一小、奥威斯实验小学共同举办的数学科组听课、评课活动。会上，语文科组老师除认真听取十五小张校长和一众数学老师的评课意见外，还积极发表了自己的见解。之后，十五小语文科组还多次组织和参与了类似的跨学科教研活动。

这种跨学科教研活动开拓了语文教师的眼界，增进了各学科教师间的了解，同时使我们的语文课堂在保持"美"的基础上，融进英语课堂的"活"和数学课堂的"层次性"。比如，陈碧灵老师执教的《乡下人家》、连剑宇老师执教的《将相和》、叶桂方老师执教的《桥》，这3个课例在跨学科教研活动的打磨下，变得精致、清新。对这3位青年教师来讲，经历这样的过程，同样是受益良多的。十五小的成功做法推动了全区语文教师自觉开展跨学科听课评课活动，把其他学科的有益做法转化到语文教学中，使该项活动变成常态的教研活动并有力地促进小学语文教研教改的开展。

表7 肇庆市第十五小学语文科组跨学科教研活动一览表

活动时间	研讨地点	研讨专题	主要发言人	参与者
2007.11.7	十五小接待室	数学科组评课：探讨有效的数学和有效的数学活动	十五小张建明校长	十五小数学科组、语文科组、岩前小学、奥小数学科组长
2007.11.8	十五小图书室	语文科组评课：争议与发现	彭曼妮、梁宝珠、石磊、董丽琼、陈劲、郭巧华、陆梅红、张建明	十五小张校长、语文科组、数学科组长、英语科组长、岩前小学语文科组长
2008.3.4	十五小电教室	语文科组新学期计划	凌琳、彭曼妮	全体语文、数学、英语老师
2008.10.8	十五小电教室	"两地四校"六年级课堂教学动态交流活动	苏晓玲、于青、陈宝俭	十五小、睦岗中心小学、岩前小学、德城一小的语数英科组
2008.10	睦岗中心小学电教室	农村小学语文分层教学研究	梁煜、凌琳、杨晓红	睦岗中心小学语文科组、十五小语文教师、区教育局教研室杨晓红
2009.4.15	十五小电教室	十五小数学教师状态的调研分析之一	张建明	张建明、数学科组、语文科组、英语科组、岩前小学、睦岗中心小学

续 表

活动时间	研讨地点	研讨专题	主要发言人	参与者
2009.4.16	十五小电教室	跨学科听课：课堂教学技巧展示	陈碧灵	十五小语文、数学、英语科组
2009.4.22	十五小电教室	跨学科听课：课堂教学技巧展示	连剑宇	十五小语文、数学、英语科组
2009.4.16	十五小电教室	跨学科听课：课堂教学技巧展示	于青	十五小语文、数学、英语科组
2009.4.22	十五小接待室	十五小数学教师状态的调研分析之二	张建明	十五小语文、数学、英语科组
2009.4.25	十五小电教室	跨学科听课：课堂教学技巧展示	汤锦雪	十五小语文、数学、英语科组
2009.4.29	十五小电教室	跨学科听课：课堂教学技巧展示	曾柯	十五小语文、数学、英语科组
2009.5.5	十五小电教室	跨学科听课：课堂教学技巧展示	梁广洪	十五小语文、数学、英语科组
2009.5.15	十五小接待室	十五小数学教师状态的调研分析之三	张建明、林敬华、梁细汉、朱家国	十五小语文、数学、英语科组、区教育局教研室林敬华、睦岗中心小学、岩前小学

9. 专题式教研破解教学难题

2010年开始启动专题式教研活动，让教师在教学实际中，以遇到的难题为抓手，集全级组或科组之力，集中解决问题。一般采用这样的方式：教师提出问题——梳理问题——确定专题——提出解决办法——教师实践验证——修改完善，解决问题并推广。教师在解决一个个问题的过程中获得专业的提升。比较突出的有肇庆市端城小学的识字有效性研究专题，肇庆市第十一小学的三年级习作开头指导专题和高年级语文课如何导入的专题等。

（二）使专业成长成为教师的内在需要

近年来"职业倦怠"是教师队伍比较突出的问题，如果把教师专业成长当作一个要求和任务来提出的话，对教师来讲不是一种内在的需要和追求，就会影响教师的专业成长。我们通过创新一系列的教研方式，为教师创设发展交流的平台，为教师设计规划成长的途径，教师感到实实在在的成长，使之在工作和个人幸福生活方面得到提升，那么教师就会把专业发展当作自己内在的需要，就会感到成长的快乐。

我区有在职公办教师3034人，小学语文教师有600多人，占了五分之一。由于近年来创新了一系列的教研方式，使教师的专业发展有了明确的目标，有了切合自身发展规划和积极主动的主观动力，教师有了自我发展意识，全区600多名在职小学语文教师都填写了自我发展规划表，形成了自我发展的氛围。

（三）培养了一支梯队清晰、素质高的骨干教师队伍

11年的辛勤付出，我们培养了一支梯队清晰、能写善教的骨干教师队伍，这些老师的教龄1~20年不等，在区内乃至肇庆市、广东省内享有盛誉，在各级的优质课比赛场上、在各级的论文评比中、在各级各类的教研活动中都活跃着他们的身影。近十年来，我们有大批的论文获得各级奖励，有60个课例获得各级比赛的奖项，有21个科研项目获得市级以上奖励，2000多篇文章获得区级以上奖或发表。派出了2人赴香港担任语文教学顾问，50多人被评为区级以上骨干教师。肇庆市第十五小学、肇庆市第十六小学、肇庆市第四小学、肇庆市端城小学、肇庆市奥威斯实验小学5所学校的语文科组被评为肇庆市首批示范教研组。在市内、省内树立了我区小学语文教师的优秀团队品牌。2008年12月，广东省小学语文教研会第七届理事大会在我区的十六小召开，十六小的何佳荫老师执教的综合性学习课《我爱读书》被誉为最有语文味道的综合性学习课。这次会议是广东省小学语文教研会成立以来唯一在广州以外的城市召开的，是对我区小学语文教学取得的成绩的充分肯定。

表8 2002—2013年端州区小学语文教师参加比赛课获奖一览表

姓名	学校	获奖内容	等级	时间
刘浩宁	肇庆市第十五小学	五年级阅读课《可爱的草塘》	肇庆市一等奖、广东省二等奖	2002年5月、7月
杨菲	肇庆市厚岗小学	一年级拼音课《j q x》	人教版课改录像课一等奖	2002年12月
朱巧仪	肇庆市百花园小学	一年级口语交际课《有趣的游戏》	人教版课改录像课二等奖	2002年12月
何佳荫	肇庆市第十六小学	二年级阅读课《假如》	肇庆市赛课一等奖	2004年5月
黎结宁	肇庆市第一小学	五年级阅读课《夕照》	肇庆市赛课一等奖	2004年5月

续 表

姓名	学校	获奖内容	等级	时间
蓝秀娟	肇庆市第十六小学	二年级思品课《四季大本营》	广东省思品录像课二等奖	2005年4月
何佳荫	肇庆市第十六小学	二年级作文课	首届广东省青年教师作文教学交流研讨评比优秀奖	2005年6月
刘浩宁	肇庆市第十五小学	四年级作文课	首届广东省青年教师作文教学交流研讨评比二等奖	2005年6月
梁敏嫦	肇庆市厚岗小学	二年级综合性学习课《动物乐园》	广东省小学语文口语交际与综合性学习优秀课例	2005年9月
梁遂心	肇庆市第十六小学	四年级作文课《情景作文》	肇庆市赛课一等奖	2005年11月
李艳	肇庆加美学校	三年级作文课《玩一玩，写一写》	肇庆市赛课一等奖	2005年11月
何佳荫	肇庆市第十六小学	二年级阅读课《风娃娃》	肇庆市赛课一等奖	2006年5月
罗洁	肇庆市第十五小学	四年级阅读课《去年的树》	肇庆市赛课二等奖	2006年5月
谢立红	肇庆市实验小学	课题略	全国电影研究结题成果录像课二等奖	2006年7月
陈伟洁 陶杰英 肖波 苏春华 李志玲	肇庆市实验小学	课题略	全国电影研究结题成果录像课三等奖	2006年7月
凌琳	肇庆市第十五小学	五年级阅读课《杨氏之子》	全国经典美文教学录像比赛二等奖	2007年12月
凌琳	肇庆市第十五小学	五年级阅读课《自己的花是让别人看的》	肇庆市赛课一等奖、广东省赛课一等奖	2008年6月
陈婷婷	肇庆市第一小学	二年级口语交际课《奇妙的动物世界》	广东省录像课比赛一等奖	2008年6月
梁秋玲	肇庆市实验小学	二年级阅读课《称赞》	广东省多媒体技术与学科整合课评比二等奖	2008年7月

姓名	学校	获奖内容	等级	时间
罗俏仪	肇庆市第十六小学	五年级阅读课《桥》	全国首届新课程小学优秀课例评选鼓励奖	2009年4月
张叶	肇庆市百花园小学	四年级阅读课《呼风唤雨的世纪》	首届全国小学语文教师素养大赛广东选拔赛二等奖	2009年9月
连剑宇	肇庆市第十五小学	三年级阅读课《七颗钻石》	广东省第二届小学语文教师素养比赛一等奖	2010年3月
连剑宇	肇庆市第十五小学	五年级阅读课《临死前的严监生》	肇庆市第八届阅读课比赛一等奖、广东省第八届阅读课比赛一等奖	2010年5月、6月
苏韵静	肇庆市奥威斯实验小学	二年级识字课	广东省录像课评比二等奖	2010年9月
吴智勤	肇庆市第四小学	六年级综合性学习课《书香育心苗，阅读伴成长》	肇庆市小学语文教学录像课评比一等奖	2010年10月
陈彩月	肇庆市第十六小学	四年级作文课《情境作文》	肇庆市口语交际、习作教学比赛特等奖	2011年11月
苏柳媚	肇庆市第十六小学	三年级口语交际课《我们的课余生活》	肇庆市口语交际、习作教学比赛特等奖	2011年11月
杨菲	肇庆市第十五小学	六年级阅读课《怀念母亲》	肇庆市第九届阅读教学比赛一等奖	2012年4月
梁宝珠	肇庆市第十五小学	说课《三个儿子》	肇庆市第二届小学语文教师素养比赛特等奖	2012年12月
麦少梅	肇庆市端城小学	说课《自己的花是让别人看的》	肇庆市第二届小学语文教师素养比赛特等奖	2012年12月
梁宝珠	肇庆市第十五小学	五年级阅读课《自己的花是让别人看的》	广东省第五届小学语文教师素养比赛一等奖	2013年5月
林秀绮	肇庆市奥威斯实验小学	一年级拼音课《ai ei ui》	肇庆市小学语文教学录像课评比一等奖	2013年6月
杨裕琴	肇庆市第十一小学	四年级习作课《大自然的启示》	肇庆市小学语文教学录像课评比一等奖	2013年6月

续 表

姓名	学校	获奖内容	等级	时间
苏连英	肇庆市端城小学	六年级习作课《写毕业赠言》	肇庆市小学语文教学录像课评比一等奖	2013年6月
石磊	肇庆市第十五小学	五年级习作课《一件小事的启示》	肇庆市小学语文教学录像课评比一等奖	2013年6月
苏晓燕	肇庆市第十六小学	一年级识字课《识字4》	肇庆市小学语文教学录像课评比一等奖	2013年6月
黄思韵	肇庆市第一小学	二年级识字课《识字3》	肇庆市小学语文教学录像课评比一等奖	2013年6月
王宇红	肇庆市端城小学	一年级识字课《日月明》	肇庆市小学语文教学录像课评比一等奖	2013年6月
朱巧仪	肇庆市百花园小学	一年级识字课《识字3》	肇庆市小学语文教学录像课评比一等奖	2013年6月
梁坚红	肇庆市睦岗镇出头小学	一年级识字课《识字七》	肇庆市小学语文教学录像课评比一等奖	2013年6月
朱惠芳	肇庆市端城小学	一年级拼音课《a o e》	肇庆市小学语文教学录像课评比二等奖	2013年6月
曾文艳	肇庆市龙禧小学	一年级识字课《荷叶圆圆》	肇庆市小学语文教学录像课评比二等奖	2013年6月
罗美韵	肇庆市实验小学	一年级识字课《识字3》	肇庆市小学语文教学录像课评比二等奖	2013年6月
许秋雪	肇庆市奥威斯实验小学	四年级习作课《黄鹤楼送孟浩然之广陵》改写	肇庆市小学语文教学录像课评比二等奖	2013年6月
叶桂明	肇庆市第一小学	四年级习作课《我喜欢的动物》	肇庆市小学语文教学录像课评比二等奖	2013年6月
李云媚	肇庆市第七小学	三年级习作课《说说我的本领》	肇庆市小学语文教学录像课评比二等奖	2013年6月
刘敏	肇庆市第十五小学	一年级识字课《识字3》	肇庆市小学语文教学录像课评比二等奖	2013年6月
梁惠清	肇庆市睦岗镇下瑶小学	一年级识字课《小白兔和小灰兔》	肇庆市小学语文教学录像课评比二等奖	2013年6月
莫锐梅	肇庆市端州区黄岗镇黄岗小学	六年级习作课《我心目中的父亲》	肇庆市小学语文教学录像课评比三等奖	2013年6月

续　表

姓名	学校	获奖内容	等级	时间
叶月颖	肇庆市第九小学	三年级习作课《说说我自己》	肇庆市小学语文教学录像课评比三等奖	2013年6月
钟雪巧	肇庆市百花园小学	四年级习作课《我喜爱的动物》	肇庆市小学语文教学录像课评比三等奖	2013年6月
谭秋凤	肇庆市第四小学	二年级识字课《识字5》	肇庆市小学语文教学录像课评比三等奖	2013年6月
朱永婵	肇庆市奥威斯实验小学	一年级识字课《识字4》	肇庆市小学语文教学录像课评比三等奖	2013年6月
石倚山	肇庆市实验小学	一年级识字课《荷叶圆圆》	肇庆市小学语文教学录像课评比三等奖	2013年6月
康燕文	肇庆市端州区黄岗镇黄岗小学	一年级识字课《所见》	肇庆市小学语文教学录像课评比三等奖	2013年6月
赵结仪	肇庆市端州区黄岗镇黄岗小学	一年级识字课《荷叶圆圆》	肇庆市小学语文教学录像课评比三等奖	2013年6月
梁志芳	肇庆市第九小学	一年级识字课《识字4》	肇庆市小学语文教学录像课评比三等奖	2013年6月
李原景	肇庆市百花园小学	二年级识字课《识字7》	肇庆市小学语文教学录像课评比三等奖	2013年6月
陈婉纯	肇庆市实验小学	二年级识字课《画家和牧童》	肇庆市小学语文教学录像课评比三等奖	2013年6月
林宝珍	肇庆市端州区黄岗镇黄岗小学	一年级识字课《识字4》	肇庆市小学语文教学录像课评比三等奖	2013年6月
全锦焱	肇庆市第四小学	一年级拼音课《拼音总复习》	肇庆市小学语文教学录像课评比三等奖	2013年6月

表9　2002—2012年端州区小学语文教师发表和获奖文章统计（单位：篇）

年份	国家级	省级	市级	区级
2002年	15	10	42	116
2003年	3	10	49	
2004年	9	20	56	129
2005年	9	20	60	
2006年	8	20	136	119

续 表

年份	国家级	省级	市级	区级
2007年	8	20	41	146
2008年	10	20	20	
2009年	3	13	120	94
2010年	1	1	24	
2011年	26	52	221	100
2012年	25	41	43	
合计	117	227	812	704

表10　近5年语文教师主持课题获奖情况一览表

姓名	学校	课题名称	获奖时间、内容、等级
王宇红	肇庆市端城小学	通过综合性学习培养学生的创新能力	2007年获得由广东教育学会主办的"GDYSD"杯广东教育"十五"科研课题成果三等奖；2009年肇庆市首届肇庆市首届基础教育科研成果奖三等奖
杨晓红	端州区教育局教研室	县区级小学语文教研员下水课对区域教研推动及教师素质提高的研究	2007年获得广东省中小学教育创新成果三等奖
陆绮雯	肇庆市河苑小学	农村小学生行为规范读本	2007年广东省中小学教育创新成果奖三等奖
		城郊学生行为规范养成——阳光100积分行动研究	2009年端州区德育课题成果一等奖
黄杰平	肇庆市第四小学	小学语文教学中渗透心理健康教育的研究	2009年肇庆市首届基础教育科研成果奖三等奖；2009年端州区德育课题成果二等奖
杨晓红 罗俏仪	端州区教育局教研室 肇庆市第十六小学	构建习作教学序列，促进学生作文能力提高的实验研究	2010年获得广东省中小学教育创新成果三等奖；2010年肇庆市第二届基础教育科研成果奖三等奖
凌琳 董丽琼	肇庆市端城小学 肇庆市第十五小学	立足实践，探索小学语文教学生活化的研究	2010年肇庆市第二届基础教育科研成果奖三等奖

续 表

姓名	学校	课题名称	获奖时间、内容、等级
梁煜 杨裕琴	肇庆市睦岗中心小学	农村小学语文实施分层教学的研究	2010年肇庆市第二届基础教育科研成果奖三等奖
罗丽华 张建明	肇庆市第十五小学	中华经典诗文诵读实验研究	2010年肇庆市第二届基础教育科研成果奖三等奖；2011年2月获得新经典诵读实验课题组、《小学语文教师》编辑部颁发国家级课题一等奖
张建明 罗丽华	肇庆市第十五小学	小学生诗文手抄报实验课题	2010年11月获得中华经典诵读实验课题组颁发国家级优秀课题奖
黄惠娟 李伟聪	肇庆市第一小学	小学学科养成教育渗透研究	2011年获得广东省中小学教育创新成果三等奖
张建华 罗洁	肇庆市奥威斯实验小学	传统与传承——让粤曲唱响校园	2011年10月获得联合国教科文组织颁发优秀成果奖
杨晓红	端州区教育局教研室	创新教研方式，促进小学语文专业成长的研究	2012年肇庆市第三届基础教育科研成果奖二等奖
陈剑科	肇庆市端城小学	用故事教育感化学生，让学生健康快乐成长	广东省小学品德与生活（社会）教学研究成果评选三等奖
刘洁慧	肇庆市第六小学	小学生课外阅读的有效途径的研探	2012年肇庆市第三届基础教育科研成果奖三等奖
李清碧	肇庆市实验小学	语文教学中培养学生良好的学习行为习惯，促进学生能力发展的方法研究	2012年肇庆市第三届基础教育科研成果奖三等奖
陆宇茵	肇庆市端城小学	增强学生发表欲，培养自主作文兴趣的研究	2012年肇庆市第三届基础教育科研成果奖三等奖
黎彩萍	肇庆市第十六小学	小学德育与心理健康教育整合研究	2011年第二届广东省中小学德育创新成果三等奖
梁惠群	肇庆市第十六小学	家长、教师的学习共同体建设研究	2010年肇庆市第二届基础教育科研成果奖三等奖
黄少梅	肇庆市第十六小学	教研促进教师专业成长的研究	2010年肇庆市第二届基础教育科研成果奖三等奖
陈剑科 黄毅志	肇庆市睦岗大龙学校	城郊学校构建"三位一体"德育模式研究	2010年肇庆市第二届基础教育科研成果奖三等奖

续 表

姓名	学校	课题名称	获奖时间、内容、等级
黎彩萍	肇庆市第十六小学	储存美德，润泽身心	2012年第三届广东省中小学德育创新成果三等奖
黄惠娟 李伟聪	肇庆市第一小学	"做中学与做中玩"促进小学科技教育成效的实践与研究	2012年肇庆市第三届基础教育科研成果奖三等奖

六、课题展望与深化

教师专业发展是教育永恒的话题，教师的发展决定了教育观念的转变，决定了教育质量的高低。我们在近十年的探索中取得了很多成果，也实实在在地推动了教师的专业发展和成长。我们将在今后的研究中不断深化，拟在以下方面深化研究：

（1）细化与外地名校的交流活动，使我们的视野更开阔。

（2）细化教师主持和参与教育科研的工作。让教师在亲历科研的过程中提升自我的实践与理论的水平。通过小课题和专题研究提升教师解决实际问题的能力。

（3）加大学校间的交流，缩短城郊学校语文老师之间的差距。

（4）加大网络教研的力度，力求让远程教研对促进我区教师专业发展起到更大的作用。

（5）深入加强跨学科听课评课活动，让语文教师的专业视野更加广阔。

教师专业发展是一个复杂的过程，我们期待通过继续深入地研究推广工作，努力让更多的教师获得成长的智慧和人生的幸福。

【参考文献】

[1] 周广强.教师专业能力培养与训练.[M].北京：首都师范大学出版社，2007.

（该课题成果获得肇庆市第四届基础教育科研成果二等奖，2013年广东省中小学教育创新成果三等奖）

案例⑧ 端州区小学语文教研文化建设的两大模式

日常的教研活动，以师本、校本、区本三级架构的模式开展，各学科既交叉也独立开展教研活动。在区域小学语文教研文化的构建与发展过程中，逐渐形成有端州特色的小学语文教研文化的两大模式：一是跨学科教研促教师多元发展模式；二是跨地域交流研修促多元发展模式。

附 以跨学科听课为切入口，提高小学语文课堂实效性的研究结题报告

课题组（执笔：杨晓红）

一、课题提出的背景

课堂教学是学科教学的主阵地，要提高学科教学的质量，要切实提高课堂教学的实效，这个已经成为教育工作者的共识。2002年，实施新课程改革以来，提高课堂教学的有效性研究在各地风起云涌，也取得了许多成果。

语文被称为"百科之母"，语文教学的效果成为学生学习成功与否非常关键的一个因素。这些年来研究语文课堂教学的流派和成果都非常多，比较有代表性的是窦桂梅老师实行的"主题教学"，把相似主题的课文整合教学，提升课堂信息量的同时，提高学生的阅读能力；李吉林老师的"情境教学"，在语文教学的各个方面尽可能创设情境，使学生保持学习语文的兴趣，在情境中掌握语言文字的阅读和表达的方法；王崧舟老师的"诗意语文"，让老师在语文教学中挖掘语言文字诗意的存在，使语文课充满诗意的美景，从而让学生更加喜欢语文课，达到提高语文课堂教学效果的目的。这些实验取得了比较大的影响，在各地得以推广。但也有些不足，主要表现在以下几点：

（1）立足点在任教老师的个人水平比较高的基础上。教师解读文本、建构知识、理解课标等方面的能力要比较高，才能完成相关的研究，不适用于广大的中小城市和农村学校。

（2）立足点在文化底蕴比较高的地方。北京、江浙都是历史文化底蕴比较深厚的地方，学生的文化积累、起点比较高，实施相关的实验研究相对容易取得较好的效果。

（3）操作性相对烦琐。参加实验的教师不可避免地要增加工作量，对于

中小城市和农村的教师不大适用。近年来，学界提出"学科无界限、学术无界限"的口号，鼓励教师跨学科听课教研，扩大自己的学科眼界，使学科的教研空间得以扩大。本课题就是以跨学科听课为切入点，通过跨学科的教学研讨，使语文课堂教学能够博采各科课堂教学之长，切实提高语文课堂教学的实效性。

二、课题研究的现状分析

本课题属于新兴的研究方向，目前国内外系统的研究比较少，只有在一些教育刊物或著作中看到零星的论述，其观点仅限于鼓励教师打破学科界限，参与跨学科的听课及教研。如何利用这个切入点，加强本学科的教学研究，从我们掌握的资料和资源来看，还是没有。所以，本课题的研究有着比较强的独创性和开拓性。本课题要解决的主要问题是：

（1）跨学科听课的主要内容：听什么学科的课，主要听什么方面的内容。

（2）所听学科教学对语文教学的启示与帮助，表现在什么地方。

（3）怎样借助跨学科听课的经验，使语文课堂教学的实效性得以提高。

三、课题研究的目标

（1）跨学科听课的内容研究——听什么学科，主要考察什么内容，包括所听学科实现教学目标的手段、方法。

（2）对语文课堂教学的影响研究——相关学科的教学手段、方法对语文课堂教学的影响。

（3）语文课堂教学改革的效果研究——采用其他学科的有效手段在语文课堂教学中的效果如何。

四、课题研究的方式方法

文献法：查阅相关理论依据，了解相关研究情况。

行动研究法：以老师个案研究的方式收集典型案例。

总结法：梳理研究成果，得出相关结论。

五、阶段研究过程

第一阶段：（2013年9—10月）确定课题、研究内容及制定研究方案。

第二阶段：（2013年11月—2014年12月）各成员根据研究方案组织研究，收集资料，做好分析，及时纠正实验偏差。

第三阶段：（2015年1—12月）再次验证相关初步结论，形成最终成果。

六、主要研究成果

（一）确立语文课堂借鉴利用其他学科优秀成果，提高语文课堂实效的基本模式

历经三年的实践和总结，从教师提供的成功案例、撰写的论文提取的信息中，我们确立了语文课堂教学借鉴利用其他学科优秀成果，提高语文课堂实效的基本模式。该模式又分两部分：一是课堂教学模式的借鉴利用；二是课堂评价方式的借鉴利用。

1. 课堂教学模式的借鉴利用体现了年级段的特点

中低年级借鉴的学科主要为音乐、美术、英语、信息技术、品德与生活；高年级借鉴的学科主要为品德与社会、数学、科学。俄国教育心理学家乌申斯基说："儿童是用形象、声音、色彩和感觉思维的。"语文学习能力的高低，主要体现为三部分，即语感、语文学习方法和语文学习能力。语感是人对语言文字或语文现象的敏锐感知和迅速领悟的能力。语文能力是语文教学的终极目的，语感是语文能力结构的核心要素，培养语感是全面提高学生语文素养的核心，它是语文素养形成和发展的基础。

语文学习方法是指利于语文学习的行为总和及心理特征。语文学习习惯是指在长时间语文学习过程中养成的一种不容易改变的学习行为和心理倾向。学习方法和习惯既是语文素养的重要组成部分，又是学习的原动力。语文课堂如果在培养学生语感、语文学习习惯、语文学习能力上下功夫，那么学生的语文素养必定得到提高。

音乐的节奏、旋律等知识和技能在帮助中低年级学生有效地、有感情地、流畅地朗读课文，降低朗读的枯燥感，减少名词术语的灌输方面起到了很好的作用。尤其是配乐朗读、打节奏朗读、诗词新唱等形式，既打破了以往只让学生模仿录音或教师范读的单调，又让学生在快乐中习得汉语的节奏、韵律等知识，并让朗读的形式由个别读、齐读、开火车读等传统的形式，发展为选择配乐读、打节奏读、填词新唱、吟诵等学生喜欢的形式，对低年级学生培养语言的敏锐感受力、积累词句、提高识字效率等方面发挥了很大的作用。

美术的形象、色彩和实际操作，为学生理解词语、运用语文解决生活问题等方面提供了很多方便。语文教材中的文章都是通过文字呈现给读者的，文字表达的准确性往往决定一篇文章的水平高低，而学生因为年龄、学识、阅历的

限制，并不能准确地理解词语，感受词语的精妙，这时美术的形象与色彩就为我们解决了这个难题。例如，学习二年级课文《葡萄沟》时有一个词描写葡萄成熟时的样子，用了"五光十色"，有学生理解成"五颜六色"，教师运用美术的色彩知识引导学生观看图片，学生观察到阳光照射下的葡萄，有光影和七彩的颜色，才知道用"五光十色"准确，"五颜六色"的描述不全面。乌申斯基说过："比较是一切理解或思维的基础，我们正是通过比较来了解世界上的一切。"又如，美术课上老师介绍"福"字的来历和故事，并教学生剪纸，剪出"福"字剪纸装饰教室和自己的家。语文老师借鉴这个做法，让学生设计过年祝福语，写下来、画出来、说出来，让语文学习真正与学生生活和实践结合起来，使学生的语文学习能力在实践中得到提高。叶澜教授讲过："我们的语文教学，只有充分激活原来凝固的语言文字，才能使其变为生命的涌动。"

高年级的语文学习逐渐增加了逻辑、自然、历史等方面的知识，在借鉴学科方面，也发生了较大的变化，老师们明显把关注点放在数学、科学、品德与社会方面。数学的教学三部曲"复习旧知——例题讲解——练习巩固"成为语文老师习作教学借鉴的范例，演变成习作教学指导评讲的三部曲"单元回顾——例文引路——写作评讲"；科学课的知识为高年级的说明文教学提供了很好的知识支撑；品德与社会涉及的历史知识，为课文讲解做好了铺垫，如学习五年级的一组关于毛主席的课文，五年级的《品德与社会》也有《红军长征》《开国大典》等课文，与这一组语文课文教学正好相互补充，学生相互印证地学习，充分领略了历史叙述和文学作品表现形式的不同，并养成自觉查找资料、收集语文学习信息的习惯，习得语文自学的方法。

2.课堂评价方式的借鉴利用体现了融合的特点

同为学习语言的学科，为什么小学生大多喜欢学英语，而不喜欢学习母语呢？这一直是语文老师思考探索的问题。从调查得知，小学生喜欢英语课的原因主要有三个：一是上课都是以游戏或情境创设形式的；二是老师都采取多种的鼓励评价方式；三是老师幽默风趣。语文科教学不可全盘照搬英语的教学形式，但是，课堂上对学生的鼓励与评价，值得我们学习借鉴。心理学家盖兹讲过："没有什么东西比成功更能增加满足的感觉，也没有什么比成功更能鼓起进一步追求成功的勇气。"我们通过听英语课发现老师的评价鼓励方式有很多：语言上有"好""非常好""完美"，肢体语言上有"竖大拇指""拥抱""握手"等；物质评价上奖卡通人物贴纸、小星星等；还有最高奖励，老师赠送一个英文名给学生，上课老师提问时叫某个同学的英文名是最高奖赏……相比较而言，语文课上我们对学生的评价与鼓励相对单调，借鉴英语课、数学课的鼓励评价模式，语文课堂的评价模式是个体与集体评价相结合，个体评价鼓励采用英语课有层次的语言鼓励和引导，辅以适当的肢体语言；集体评价采用数学课的小组竞赛形式，并结合语文课特色。例如，教学《乌鸦喝水》时，小组竞赛的形式是"小乌鸦最快喝到水"的小组为优；教学《想别人没想到的》时，小组竞赛的形式是"骆驼爬格子最快爬到顶"的小组为优……课堂评价鼓励的形式改变了，学生的学习积极性大大提高，语文课堂实效显著提高。

（二）各种课型的借鉴利用，丰富了语文课堂教学的形式

目前小学阶段的语文课主要有四种课型：阅读课、口语交际课、习作课、综合性学习课。三年多的实践证明，在语文四种课型的教学中，适当借鉴利用其他学科的优秀教学成果，大大丰富了语文课堂教学的形式，提高了语文课堂的实效。

阅读课借鉴美术的简笔画、图片展示、摄影知识，音乐的配乐朗读、英语的多样评价等形式，把抽象难理解的字词化为形象可感，把以往枯燥单调的课文讲解变为有层次、多形式的朗读，使学生从读中感悟，多形式的评价鼓励使学生的个性理解得以充分发挥，丰富了阅读的内涵，提高了学生的阅读兴趣和能力。温儒敏教授讲过："语文教学的效果好不好，很大程度上要看是否培养了阅读的兴趣与习惯。培养阅读兴趣，也是培养一种良好的生活方式。这是为学生的一生发展打底子。"

口语交际课借鉴英语课、体育课、音乐课、美术课等以活动体验开展教学的手法，创设与生活实际相似的情境，让学生在模拟实际的情境中用恰当的语言和态度进行交际、应对、辩论等，真正让学生用语文解决生活中的问题。

习作课借鉴数学课的教学三部曲"复习旧知——例题讲解——练习巩固"，演变成习作教学指导评讲的三部曲"单元回顾——例文引路——写作评讲"，做到读写结合，从模仿到写作，降低了学生习作的难度，也建立了习作教学的基本模式。中低年级习作课借鉴美术手抄报绘画等形式，让学生通过制作手抄报，积累好词好句和名言警句，积累写作素材，使学生在写作时有话可

写。还借鉴美术绘画创设各种情境，引导学生进入情境，展开想象，让习作少了枯燥，多了乐趣，大大提高了学生的写作兴趣。

综合性学习课借鉴了思品课、科学课在活动中学习的精髓，确定主题——收集资料、走访参观——整理汇报、形成小论文或其他文本，都借鉴了思品课和科学课的做法，通过合作活动、观察记录、交流整理、形成文本等程序，完成语文综合性学习听说读写的任务。

四种课型借鉴不同学科的优势手段，丰富了语文课堂教学的形式，提高了语文课堂教学的实效。

（三）教师自觉参加跨学科听课教研，运用所学提高语文课堂实效

跨学科听课符合新课程理念。新课程的一个特点，就是打破学科界限，注重本学科与其他学科的联系，重视本学科知识解决其他问题的能力的培养。这就要求教师要有较为全面的知识。跨学科听课是重温过去掌握或熟知的其他学科知识的重要途径之一，同时我们在听课过程中，结合自身学科的特点和自己的教学方式，设想教学环节，提出问题和看法，形成多重身份的转变（学生、教师、旁观者、执教者）。这项活动能够为我们更好地开展教学提供保障，从而有利于提高课堂教学打造实效课堂。

课题确立以来，我们在全区小学语文教师中宣传、指导开展跨学科听课教研的理念和做法，全区小学语文教师积极参与跨学科听课教研，形成了"听其他学科的课——记录反思值得学习借鉴的做法手段——在语文课实践体验，取得成果"的教研模式。

在此基础上，我们提倡学校语文科组，借鉴其他学科的优秀成果，构建适合自己的语文课堂教学模式，形成独特的风格，提高语文课堂教学实效，提高教师的专业水平，并通过专场的教学和论文、案例比赛，提供展示的平台，交流跨学科教研的成果。其中，2014年3月，在肇庆市龙禧小学举行了阅读教学的专场比赛，20位来自名师组的成员和青年骨干教师展示了各具风格的阅读课教学，肇庆市第十六小学的罗俏仪副校长执教的六年级课文《桃花心木》，把其构建的"读、导、练、悟"的阅读教学模式体现得真实生动，获得了第一名，代表端州区参加肇庆市比赛获得了第一名，代表肇庆市参加广东省的比赛获得了一等奖。2016年3月，在肇庆市第四小学举行了表达类（口语交际课、习作课、综合性学习课）教学的专场比赛，17位名师展示了7节口语交际课、8节习

作课、2节综合性学习课，最终来自肇庆市第十五小学的陈碧灵老师执教的四年级口语交际课《童说童话》、来自肇庆市龙禧小学的谭映老师执教的四年级习作课《信是有缘》获得第一、二名，并代表端州区参加市赛。在市赛上，两位老师课堂风格各异：陈碧灵老师的课抓住网络热点，激发学生的创作兴趣，演童话、编童话，笑声掌声不断，学生富有童真的童话故事打动了评委；谭映老师的课抓住了中年级应用文写作的热点，以给龙禧小学的同学写回信作为引导，并在课堂上大胆使用微课技术突破书信格式的难点，课堂清新大气。两位老师赢得了评委的一致好评，最后，陈碧灵老师获得此次比赛的第一名，谭映老师获得第二名。陈碧灵老师还被推选参加在广州举行的省赛，获得了一等奖。

2015年12月，我们召开了端州区第十四届小学语文教研年会，年会的主题有两个：①如何构建有端州特色、自己学校特色的小学语文教学模式；②如何通过跨学科听课教研，提高小学语文课堂教学效率。与会教师提交了论文120篇，从不同角度阐述了构建语文教学模式和跨学科听课教研带来的收获，取得了丰富的研究成果。

2016年5月，我们进行了跨学科听课教研案例评比，全区有40个案例提交，评出一等奖21个，二等奖16个。老师们从不同年级不同学科听课教研入手，提取出有借鉴作用的做法和经验，结合自己的语文教学实践，谈其他学科教学优秀成果对语文课堂教学的影响与成效。

（四）语文课堂教学呈现跨学科教研成效

当今语文教学改革风起云涌，我区小学语文教师通过跨学科听课教研，自觉提升自身的专业水平，开掘语文课堂教学的宽度和深度，涌现出一些新的课型，使语文教学的空间得以扩阔，语文教学的实效得以提升，目前全区涌现一些新的课型。

1. 整组课文学习指导课型

2014年6月，由端州区教育局教研室杨晓红老师执教四年级下册第八单元，以"学习锦囊"为主线，指导学生初读课文，以了解难点——小组合作，初解问题——摘抄积累——课外阅读指导等形式，为学生提供了高效学习整组课文的方法。有城郊学校的老师听课后，把这个方法运用在自己的语文课堂上，试行了一个学期，收到很好的效果：原定要8个课时讲完的课文，采用杨老师的方法，2个课时解决了整组课文的学习，多出来的时间，引入大量的课外阅读，以外来务工子弟为主体的学生，课外阅读量有了保障，学生的语文成绩直线上升，比较好地解决了外来务工子弟课外阅读难与少的问题。

2. 探索地方资源与语文课整合的课型

我市是岭南文化的发源地，又是中国四大名砚——端砚的故乡，地方文化资源很丰富。因此，我们注重挖掘有关端砚的故事、诗文，以及鼎湖山、七星岩、德庆孔庙等摩崖石刻、名人题诗等，学生通过综合性学习，收集整理地方文化资源，写成相关论文和小调查报告、导游词、宣传广告等，使在生活中学语文用语文落到实处，实实在在提高学生的语文实践能力，感受学习语文的快乐。2015年10月，肇庆市第十五小学举行了"挖掘本土资源，弘扬传统文化之语文课堂教学渗透传统文化教育"的开放日活动，展示了结合肇庆本土文化的童诗习作课、口语交际课、综合性学习课，让与会者大开眼界。

3. 信息技术资源与语文课整合的课型

信息技术的发展，为我们的语文教学提供了可持续发展的广阔空间。如何整合信息技术资源，提高语文教学的效率，是值得我们广大语文教师研究探讨的问题。语文教学整合信息技术资源，从而发挥信息技术的优势，使学生真正在生活中学习语文，提高语文学习的兴趣和能力。有三大方向可以运用到教学中：一是信息技术的查找功能。通过网络查找与课文有关的资料信息，对学生更好地理解课文，感悟文章主题，拓展阅读，乃至交流写作等都起到很好的作用。比如，人教版二年级口语交际课《我喜欢的动物植物》，老师就是通过让学生以小组为单位看有关资料，并用自己的话组织语言交流，让学生真正言之有物。二是信息技术的评价功能。通过网络，老师可以随时调阅学生的练习，对学生进行评价辅导讲评；学生也可以通过网络学习参考其他同学的习作，进行评价和修改。这样就减轻了教师批改作文、作业的工作量，提高了作业的反馈效率。三是远程交流功能。利用网络和云技术，实现班级上课的远程交流的功能。比如，我区的百花园小学先后与广州、香港、浙江等地进行同步课程，两地或三地学生利用云平台实行互相评价、交换资讯等，课堂的信息量得以扩充，学生的听说读写能力达到锻炼提高。

美国教育家杜威曾说："教育不是培养，也不是灌输，更不是强制性的东西。它应该是使人生长。"教师也是在不断的专业成长中获得生长的动力，成为有影响的名师，成就幸福的教师人生。

七、课题研究深化和推广

通过跨学科听课教研，提高小学语文课堂教学实效的课题研究只是开了一个好头，还有很多可以开发研究的方方面面。今后，我们将会在以下几方面进行深入研究以及推广目前的研究成果：

（1）把相关的研究成果在全区小学全面推广，构建有端州特色的语文教学模式。

（2）在跨学科听课教研的基础上，尝试跨学段听课教研，衔接学前教育和初中教育，把小学语文教学的关注点扩大。

（3）深化跨学科听课教研的理论研究，丰富小学语文教育学的理论架构。

（该成果获得2016年广东省中小学教育创新成果二等奖，肇庆市第五届基础教育科研成果三等奖。）

跨地域交流研修促多元发展模式

一个区域的教研如果不走出去进行交流合作的话，只会逐步成为井底之蛙，发展受限。这些年来，我们采取跨地域交流研修的方式，促使学校和教师在管理上、教学上与先进发达地区缩短距离。在跨地域交流研修的过程中，我们有四种做法。

一是与外地名校结对挂钩活动。从2007年起，端州区的肇庆市第七小学与佛山市第九小学率先在全市结对挂钩，成为校际教研合作学校。两校各学科进行了多次的磨课和研讨交流活动，使肇庆市第七小学的教师在佛山市第九小学的教师带动下，取得了进步。肇庆市第七小学与佛山市第九小学的合作交流在区内取得了良好的反响，成为融入"广佛肇"经济圈全面合作先行先试的亮点。

目前，区内许多学校都与外地名校，有的甚至与江浙、北京等地方的名校合作交流、跟岗培训，融合更新教育理念，提升教学水平，强化教师团队建设，促进教师专业发展。务实沉稳的岭南文化和锐意创新的江浙文化有机融合，成为端州教育发展的坚实基础。

我们通过跨地域交流研修，开拓了老师们的教学视野，了解了两地教学现况，利于老师们汲取对方的长处促进自身教学发展。

2018年5月，奥威斯实验小学叶凤英老师执教北师大版的《上天的蚂蚁》一课，参加广东省第三届语文教学观摩活动荣获一等奖，这一课就是奥威斯实验小学和北京海淀区西苑小学共同打造的一节优质课。

二是参加高端培训育学科领军人物。近些年，我们注意物色各学科的骨干教师参加各级的培训，尤其是注意选拔优秀教师参加高端培训，切实提升这些教师的全面素质，使之成为各学科的领军人物，起到示范引领辐射的作用，提高了学科教研效益。例如，选拔肇庆市第十六小学罗俏仪老师参加"京、苏、粤、浙"卓越教师高级研修班，到浙江大学、北京大学等著名学府参加量身定做的学科培训，使其进一步夯实专业基础，丰富语文教学的实践经验，2015年被评为广东省特级教师，以高票当选为端州区小学语文教研会的理事长。又如，肇庆市端城小学凌琳老师成为新一轮广东省"百千万"人才培养工程名教师培养对象，到澳大利亚及中国台湾等国家和地区接受培训，拓展了学科视野，学科的前瞻能力大为提高。国际视野为端州区小学语文学科的教学带来了新的视角，凌琳在2016年成为广东省凌琳教师工作室的主持人。

三是外地经验与本地融合共生。端州小学语文教研文化一个显著的特点就是兼容并包，融汇发展。在与外地交流学习的过程中，我们不断学习吸收先进地区的经验，形成有我们的特色，适合端州区发展实际的小学语文教研文化。

比如，学习了广州荔湾区的"二元五次校本研修模式"的教研经验后，我们区推出了"教研讨论——提出问题——梳理归纳——研讨方法——实践研讨——修正实践——反思分享（深化延伸）"专题式教研模式。2012年到2015年间，突破了许多小学语文教学的难题，有一批专题还上升为区级课题研究，实操性和推广价值大大增加。

四是目光向下关注均衡发展。肇庆市是珠三角九市中相对落后的地级市，除端州区外还有8个县市区，教育教学水平比端州略为逊色。所以，每年他们都会邀请我们送课下乡，参与当地的教师培训等工作，在与他们的交流中，我们没有高高在上的姿态，而是以谦虚的学习态度与兄弟县区交流，他们立足农村、立足山区的教育教学经验启发我们结合区的实际，对解决城郊相对薄弱学校的教学质量提升等问题有了更具操作性的做法。比如，怀集县教研室谢棣奇副主任主持了一个课题研究"引导学生读懂数学书"就是抓住数学科知识的系统，从基础上解决学生的数学知识缺陷，数学成绩在中高考取得肇庆市排名前列的好成绩。我们学习了这些经验，扎扎实实在城郊学校抓学生的知识基础，在课堂上解决问题，使城郊的教学质量得到质的提升，以事实改变了城郊学校老师认为生源不及城区学校导致教学质量不高的错误观念，沉下心来研究学生，研究教材，研究教学，促进了教育教学质量的均衡发展。

四、区域小学语文教研文化的精神层

精神层是指开展小学语文教研活动过程中，受一定的社会文化背景、意识形态影响而长期形成的一种精神成果和文化观念，包括教研氛围、教研意识、教研理念、教研态度等方面的内容。

案例⑨ 教研员"下水课"建平等教研平台

县区级小学语文教研员下水课对区域教研推动及教师素质提高的研究报告

肇庆市端州区教育局教研室：杨晓红

一、研究的由来

（一）教研员自身工作职责的需要

我国中小学教研室始建于1956年，是在当地教育行政部门领导下，承担当地基础教育教学业务工作的事业单位。各级教研室（省、市、县）大部分是独立建制的单位，有些设置在教育学院或进修学校内。经过多年努力，各地基本建立健全了省、地、县、乡、校教研网络，建立了一支专兼职结合的教研员队伍。

据了解，目前，我国中小学专职从事教学研究的人员有近10万人，是中小学教师队伍中一支数量可观、业务水平较高的队伍。多年来，各级教研人员在稳定正常教学秩序，执行国家课程计划（教学计划）和教学大纲，加强教学业务管理，组织教改实验，开展教学研究，总结推广教学经验，普及教育科学，提高教师业务能力等方面，做了大量工作，起到独特的作用。

这是刊登在2003年5月25日《中国教育报》上的两段文字，它告诉了我作为一名基层教研员肩负的责任：教研员，世界教育史上独一无二的群体。2001年2月，我成为其中一员。2002年秋季，我区参加广东省基础教育的课程改革实验，我担负着更新全区600多位小学语文教师的教育观念、改变教学方法、提升专业素质的重任，这对于我是一个严峻的挑战！

作为一名县区级的小学语文教研员，因为工作特点，我有着一线老师所不具备的一些优势：首先，我思考问题的角度是全区性的，不再局限于某一学校、某一年级或老师，因此学科教育视野比一线老师要广阔。其次，因为经常接受高层次的学习、研讨、参观，我比一线教师更多地具备本学科较先进的教育理念。再次，我有机会经常听课，有大量的课例供我思考探索其优劣。最后，作为教研员，因为经常到各类学校调研，可以把书本理论与教学实践相印证。如果我的下水课有示范作用的话，那么书本上的正确理论就能以直观的形式告诉我们的一线老师，让他们在具体的实践当中去不断修正补充。基于以上原因，我把自己上下水课作为提高自己素质、深入实践课程改革理念的重要手段，达到提高自己也提高别人的目的。这是我作为基层小学语文教研员的责任。

（二）小学语文课程改革的需要

2001年，国家级试验区开始基础教育的课程改革，各科的课程标准悄然在网上出现。刚担任教研员的我敏锐地感到这是一场新的教育改革。这时适逢我参加广东省首届小学语文骨干教师培训班的学习，大量关于课程改革的新理念涌进我的头脑。接着肇庆市教育局决定端州区作为2002年秋季开始的广东省首批课程改革实验区，端州区38所小学，600多位语文教师走上课改的第一线。而新课程教材与以往的课程相比，不管从课程结构、课程内容还是课程组织等各方面都有很大的差异，要求教师用全新的理念、全新的视角来灵活而又有创造性地运用教材，这对教师原有的教育理念和教育行为都是很大的冲击和挑战。这是一个漫长的、艰难的过程。从课改之初的基层教师培训，到学校听课、座谈、开展教学科研，我们的语文教师有以下的困惑：

（1）课改的小学语文课堂应该是怎样的？课改的课与以前的有什么不同？

（2）如何做到语文课工具性和人文性的统一？

（3）怎样处理语文课堂上的"讲"与"不讲"？

（4）建设开放有活力的语文课程，是不是凡是语文课都要拓展延伸？语文课上得热闹就是好课吗？

（5）如何让学生的习作做到"说真话，诉真情"？

（6）语文课怎样体现学生获取知识的过程与方法？

（7）讲人文性就不需要讲语文基础了吗？

……

凡此种种，令我深思之余，又感欣慰：我们的老师大部分都有勇于参与课程改革的决心，如果引导得好，下水课如同我们指导学生习作时的下水文，一线教师在课程改革中的感悟与困惑，我都会感同身受。那么，我们的教学指导将更有针对性，更能解决课程改革中的深层问题——教师思想观念转变的问题。教研员的示范带头作用是教师最好的榜样。毛主席讲过："教改的问题主要是教员的问题。"教师素质得到大幅提高，将会有力推动本区小学语文教研活动的开展。

（三）本区小学语文教师整体现状改变的需要

我区有33所公办小学，5所民办小学，从事小学语文教学的教师大约为610人，从公办学校的统计来看，所有的小学语文教师学历达标，年龄分布大约呈现2：3：5，即20%的教师在45岁以上，30%的教师在35～45岁之间，50%的教师在刚走出校门到35岁以下。从上面的年龄分布情况来看，有一半多的教师有10年以上教龄，基本形成了自己的教学风格，要接受新的观念、新的教法不容易；另一半基本受过高等的师范教育，思想比较现代，可塑性强，但教学经验和接受的磨炼不足，观念摇摆，易跟风，独立研究与自我提高的意识不强，抱有"领导安排什么就做什么""你上面考什么就教什么"的应付思想。因此，我把提高我区小学语文教师的整体素质的突破口放在与我教龄、年龄相仿的教师，以自己作为榜样来激发这一年龄老师的潜能，他们的改变和提高，起到承上启下的作用，会带动一大批的老师主动接受课程改革的新理念，改变教育思想，从而提高自身的教学水平。

本课题确定：县区级小学语文教研员下水课对区域教研推动及教师素质提高的研究

二、研究的时间及类型

首先，在五年多的时间里，我本人也和区内的老师、省市的专家们不断地总结、反思自己下水课的作用及推广价值，逐渐地从最初的无意活动到有意识、有计划的教研活动，逐步形成了一个推动区域教研的模式：发现问题——下水课研讨——讨论反思——共同提高。这种模式源于教研活动的实践，在实践中得到验证——是县区开展教研的好模式，它能够解决教学实际中出现的问题，并能成为学校校本教研的参考模式。

其次，作为教研员，把上示范课或者下水课作为推动区域教研和提高教师素质的活动形式。对广东的基层县区来讲，这是比较创新的一种教研形式，而收效是明显的，让一个区域的教研风气趋于扎实有效，让一个区域的教师形成乐于参与学科教研活动，并通过活动提高自身素质的风气，这是一种值得推广的有效的教研活动模式。

具体的研究过程如下：

（1）2002年，课程改革第一年，上示范课，通过五年级的阅读课《只有一个地球》的教学，让尚未接触课程改革的老师从直观具体的课例当中体会课标理念在具体的课堂教学中的体现。

（2）2003年，课程改革第二年，上研讨课，通过五年级的阅读课《田忌赛马》的教学，体现扎扎实实教语文的理念，初步扭转课改之初花哨、浮躁的课型。

（3）2004年，课程改革第三年，上研讨课，通过六年级的作文课《穿越时空会古人》的教学，体现课程改革进程中对作文教学改革的探索。

（4）2005年，课程改革第四年，上研讨课，通过三年级的阅读课《太阳是大家的》的教学，体现课程改革三年级转折点教学模式的探索。

（5）2006年，课程改革第五年，上研讨课，通过五年级阅读课《七律·长征》的教学，体现对课程改革五年来语文教学的反思，体现"简简单单教语文，扎扎实实学语文"的新教学理念，这是课改五年来，小学语文界对语文教学回顾和前瞻的结果。通过这节课的展示，对我区小学语文教师的课程改革成果和教训进行了总结。

（6）2007年，课程改革第六年，上研讨课，通过五年级口语交际课《聊聊热门话题》的教学，体现高年级口语交际教学和习作教学相结合的特点，也是我创造性使用教材的重要尝试。

采取的研究方法：叙事研究法、文献法、对比法。

三、研究的成果

（一）提高了自身的理论与实践结合的能力

课程改革提出了许多新的理念，落在具体的教学实践中主要有几点：一是怎样提高学生的语文素养。二是如何倡导自主、合作、探究的学习方式。三是怎样建设开放有活力的语文课程。这几个命题给我们的语文老师提供了一个广阔的探索空间，也给我们的老师带来很多困惑。我同样也有过困惑和探索。下水课让我在不断的课堂教学实践中逐渐明白了这些理念的重要性。在上《只有一个地球》的时候，我着重培养了学生自主、合作、探究方式的形成；在上《穿越时空会古人》时，着重探究的是怎样提高学生的语文素养；在上《聊聊热门话题》和《七律·长征》时，研究的是建设开放有活力的语文课程。这些本来冷冰冰的理论在实践中得到印证，使理论水平和实际相结合，从而提高自身的教学水平。

（二）促进了教师教学观念的转变

长期以来，以书本知识的传授和技能训练为宗旨的课堂教学，已使教师习惯于教材篇目对教材知识进行精细化的处理，然后组织程序化的教学和操练，以达到教材知识落实的目的。结果是课程实施变成了教材灌输，教材篇目限制了教师和学生开展课堂教学活动的空间，捆住了教师和学生的手脚。为改变这种状况，我在下水课中着重解决教师教学观念的三个问题：一是创设民主教学氛围，教师如何利用好学生课堂生成的资源，顺势而导；二是如何创造性地使用教材，是用教材教，而不是教教材；三是开放学生习作的空间。通过对我的下水课的研讨，确实使教师真实地感受到这些课程改革的理念在具体教学中的实施效果，自觉地在自己的教学实践中实行新的理念、新的教学手段，初步建立了与课程改革相适应的课堂教学观和课堂教学模式。

（三）促进形成区域性扎实的教研作风

前文引用过"教研员是世界教育史上独一无二的群体"。在许多一线教师眼中，教研员的形象是什么样的呢？在网上输入"教研员"进行搜索，会发现对教研员的评价毁誉参半，在老师们看来更多的是教研员有出试题的权力，所以在教学教研管理上，有长官意识，教研员就是听课评课而不能上课的人。教研员上下水课可以起到四个作用：一是带头研究的作用，身先士卒，教师参与的热情就高涨；二是能够把平时跟教师讲的理论与教学实际结合起来，教师们学有范例；三是和教师们平等地交流意见，进行研究，会缩短教研员与教师之间的距离，达到像学生一样"亲其师信其道"的效果；四是促使形成全区性教研工作的务实风气，不搞花架子，不马虎应付，而是真抓实干，用事实说话，教研成效显著。

（四）促进形成一支高素质的教师队伍

五年多的时间，身先士卒地上课，有专题研究式、参加比赛辅导式、尝试探究式的课例，教师们在观摩研讨中成长。一批青年教师在实际锻炼中茁壮成长起来：2002年，只有一年半教龄的刘浩宁老师在我的辅导下，执教五年级的阅读课《可爱的草塘》获肇庆市赛课一等奖，代表肇庆市参加省的比赛获二等奖。这是端州区1988年建区以来，小学语文赛课方面零的突破。赛课方面的成绩见表1。

表1 2002—2006年端州区小学语文教师参加比赛课获奖一览表

姓名	学校	获奖内容	等级	时间
刘浩宁	市第十五小学	五年级阅读课《可爱的草塘》	肇庆市一等奖、广东省二等奖	2002年5月、7月
杨菲	市厚岗小学	一年级拼音课《j q x》	人教版课改录像课一等奖	2002年12月
朱巧仪	市百花园小学	一年级口语交际课《有趣的游戏》	人教版课改录像课二等奖	2002年12月
何佳荫	市第十六小学	二年级阅读课《假如》	肇庆市赛课一等奖	2004年5月
黎结宁	市第一小学	五年级阅读课《夕照》	肇庆市赛课一等奖	2004年5月
梁遂心	市第十六小学	四年级作文课《情景作文》	肇庆市赛课一等奖	2005年11月
李艳	市加美学校	三年级作文课《玩一玩，写一写》	肇庆市赛课一等奖	2005年11月
何佳荫	市第十六小学	二年级阅读课《风娃娃》	肇庆市赛课一等奖	2006年5月
罗洁	市第十五小学	四年级阅读课《去年的树》	肇庆市赛课二等奖	2006年5月

榜样的力量是无穷的，教师逐渐形成的善于总结反思学习的教研习惯，使许多教学的实践变成论文和成果。从2001年到2006年，我区小学语文教师在各级报刊发表和获奖论文、教学设计、教学案例、教学随笔近800篇，这对于只有35万人口、600多名小学语文教师的小城区来讲，是难能可贵的。具体统计见表2。

表2 2002—2006年端州区小学语文教师发表和获奖文章统计（单位：篇）

年份	国家级	省级	市级	区级
2002年	15	10	42	116
2003年	3	10	49	
2004年	3	12	56	129
2005年	3	20	60	
2006年	2	20	136	119

四、实验成果分析

（一）叙事研究法更接近研究的"真相"

教育叙事因对日常教育"真相"的接近，近年来成为教育理论与实践领域的热门话题。丹麦学者曹诗弟将教育叙事称为"从普通教师、学生及家长的经验与感受出发，为中国教育研究开辟另一条意义丰富的言说道路"。由于教育现象具有实践性、特殊性、动态发展等特点，因此可以通过叙事的方式，关注和追踪教育行动发生、发展和变化的过程，根据当时当地变动的教育情境灵活地调整研究设计，通过自下而上的研究达到研究的创新。我的这个叙事研究就是通过展示一个个下水课的故事，让我们的一线教师清晰地看到设计一节课背后的教育观念，看到一节有价值的课是怎样炼成的，看到该如何在实践中去落实课程改革的理念，看到如何去反思评价一节课。例如，上《长征》一课时，就是先在一所省一级学校试教，然后再到一所普通学校正式上课，听过两节课的老师就说："什么叫以学定教，顺势而导，观杨老师的课就能真切地体会到。"教学设计可以模仿抄袭，但是，面对不同的学生如何取舍剪裁课堂教学的过程，这是教学的智慧，是不能抄袭和模仿的，而当教师们领会到这种以学生的发展为本的教育思想的时候，平常的课也能上得精彩！这个故事叙述的正是我如何根据学生的不同采取的不同教育手段，让学生得到最大的发展的过程。我国著名的教育叙事研究专家丁钢教授指出："如果叙事可以达到这样的境界，即不仅在讲述某个人物的教育生活故事的过程中揭示了一系列复杂的教育场景与行为关系，而且'照亮'了某个人物在此场景中的'心灵颤动'，可以给读者一种精神震撼。"所以，采取叙事研究的方式，是展示下水课效益的最好办法，更能让教师真切地观察到教育的效果，带来心灵的震撼。

（二）关注教学所需，取得真实效果

几年来所上的下水课，都是立足于解决课程改革中遇到的困惑或对一些课型的研讨。这些课都是些"家常课"，也许没有一些大师级的老师上的公开课那样气势磅礴，具有轰动效应。那些大师的课，如果没有一定的功底，一般的老师不一定能够听得懂。而本研究的课都源于实际又针对解决实际问题，效果是真实可信的。著名的叙事研究专家丁钢在谈叙事研究时，有这样一段话："因为有着丰富的教育经历，教师确实可以书写'自己的《论语》'。……总之，让教育回归生活本身，在教育生活中领悟教育的力量，使教育具有自己独特的理论和实践的生命力。"老师们确实从我的下水课、从我的叙事反思中得到了提高。这是我上下水课的初衷和最终得到的效果。

（三）形成了一条县区教学研究的新模式：发现问题——下水课研讨——讨论反思——共同提高

前文说过，作为教研员，有着一线教师不可替代的优势：理论视野开阔，实践关注面广。因此，采用教研员用上下水课的形式来研讨教学中出现的问题，作为教研员，他思考的角度不会局限于一校一班，会考虑到全区性的差异。所以，他设计的下水课就会从全局考虑，选什么课型？上什么年级？为什么要这样做？目的如何？效果怎样？都会细细斟酌。正因为所有的下水课都源于实践中的问题，所以，自然而然形成了一条县区教学研究的新模式：发现问题——下水课研讨——讨论反思——共同提高。辐射到学校的校本教研活动中，老师们也采用这样的方法，在教学中发现问题，科组级组通过下水课研讨，达到共同提高的目的。教研氛围是扎实的，模式是有效的，能够推动我区小学语文教研活动的扎实开展，让老师们的教学素质通过实践研讨得到有效的提高。

五、本课题研究展望

平心而论，这个叙事研究是建立在实践的基础上的，开始有点儿随意，是因为对我们的小学语文教师的素质提高，对本区小学语文教学研究有了意想不到的效果，才变成了有意的观察、研究。而且，教研员上下水课，推动区域教研活动的开展，提高教师素质这样的研究在全省、全国都比较少见。如何完善这个研究？很值得我们进行深入的研究总结和推广。因此，这个课题很有必要进行后续的研究。

今后，准备在已经形成了"发现问题——下水课研讨——讨论反思——共同提高"的教学研究新模式的基础上，夯实理论基础，让每一次下水课的目的性更强，关注点更新，课型和年级的覆盖面更广。针对小学语文现在的一些教学热点和难点，主要在以下几方面进行研究探索：

（1）小学语文综合性学习课的研究。

（2）文言文教学的研究。

（3）低年级语文各类课型的研究。

（4）小学高年级与初中衔接的课型研究。

（5）幼儿园与小学衔接的课型研究。

今后的研究我仍将采用叙事研究的方式，把更多的理论思考和实践收获与我们全区的小学语文教师分享，在研究中和我们的一线老师共同成长。教师的成长，最终受益的将是我们全区的4万名小学生，是端州教育事业的进步。

【参考文献】

［1］中华人民共和国教育部.全日制义务教育语文课程标准［M］.北京：北京师范大学出版社，2001.

［2］周勇.教育叙事的理论追求——华东师范大学丁钢教授访谈［J］.教育发展研究，2004，（9）.

［3］陈向明.行动研究如何采用质的方法［J］.基础教育课程，2005，（4）.

［4］李镇西.教有所思［M］.上海：华东师范大学出版社，2003.

［5］朱永新.诗意与理性——教育问答录［M］.北京：人民教育出版社，2004.

（该课题获得2007年广东省中小学教育创新成果三等奖）

历年来杨晓红老师所上研究课教案及教后反思

1.《只有一个地球》教案
（人教版第十册16课）

【教学目标】

1. 了解本课介绍的有关地球的知识，受到保护环境的教育。

2. 了解作者说明事理的方法。

3. 学习本课生字新词。

4. 有感情地朗读课文。

【教学重点】

1. 读懂课文，了解本课介绍的有关地球的知识，受到保护环境的教育。

2. 了解作者说明事理的方法。

【教学时数】

两课时。

第一课时

1. 学习生字新词，初步感知课文。（教学过程略）

2. 流利朗读课文。

第二课时

【教学目的】

1. 了解本课介绍的有关地球的知识，受到保护环境的教育。

2. 了解作者说明事理的方法。

3. 通过自己的理解有感情地朗读课文。

【教学过程】

（一）导入：同学们，下面请大家看一首诗：《地球，我的母亲》（用电脑出示，老师用饱含感情的语调朗读。配抒情的音乐，加插有关蓝天、青草、白云、海洋、秀美山川等地球上优美景色的画面）：地球，是我们人类的母亲。大家通过上一节课的学习，已经知道了这一课的初步内容。下面我请大家说一说，你们想通过这一课的学习，了解些什么知识呢？

（二）学生提出问题，老师有意识地引导学生把问题归纳为三点：

1. 课文给我们介绍了地球的什么知识？

2. 作者是用什么方法说明事物的？

3. 为什么说"只有一个地球"？

（三）学生分小组讨论，汇报。用简洁的文字板书，通过自己的理解朗读课文。（电脑根据学生的回答，相机出示有关图片、文字。帮助学生理解课文的说明方法——打比方、列数字、作比较、举例子）

（四）归纳小结，帮助学生理清顺序，练习说话。

1. 通过讨论学习，大家对课文的内容有了了解。4月22日是地球日，请大家根据本课介绍的地球知识，给在座的同学和老师做一个三分钟演说，呼吁大家一起来保护我们的地球母亲。

2. 学生讨论推选代表，上台演说（出示抒情、激昂的两种音乐让学生选择配乐），师生评议。

（五）总结、课外延伸。

1. 学习了这一课，你有什么收获？请你根据这一课所学的知识，写一条呼吁保护地球的标语。学生写标语，上讲台朗读并张贴。

2. 课外作业：（请老师和同学）向大家推荐有关的网站和书刊（电脑出示），请学生阅读，找时间开一个《保护地球，保护人类》主题班会或进行研究性学习。

叙事：

这是我担任小学语文教研员后上的第一节公开课，事情的缘由是2001年12月，我参加在广东教育学院中文系举办的首批广东省小学语文骨干教师培训班的学习。系主任谭海生老师布置了一个任务给我，让我上一节示范课给来自全省各地的100多位骨干教师观摩。

接受任务回来，似乎没有多想，当时我只是个离开教育第一线不到10个月的教研员。我回来想的只是面向全省的小学语文精英上课，如果没有新意的话，这个课的价值是不大的。因此，我把目光投向了颁布不久的《语文课程标准》，当时我们省还没有进行课程改革，课标里谈到的语文课程的四大基本理念——全面提高学生的语文素养；正确把握语文教育的特点；积极倡导自主、合作、探究的学习方式；努力建设开放而有活力的语文课程——非常深刻地进入了我的思考范围，我决定选取说明文《只有一个地球》来上示范课，把自己对课标的四大理念的理解体现在我的课堂教学中。我有一个预感：这个课能给我们的骨干教师全新的感受。于是我就设计了以上教案展示的一节课。

2002年3月，我在我们区的小学语文青年教师阅读课大赛上，把这节课作为嘉宾表演的性质进行了试教，没有想到的是在我们区引起很大的反响。这节课有几个地方与传统的教学不同：一是整节课以学生的问题作为切入点，围绕学生的问题展开教学，学生在课堂上合作学习第一次在我们区的语文课堂上出现；二是课文需要落实的说明文等知识的学习，读写结合等能力的培养巧妙地在教学环节中得以渗透落实；三是第一次在语文课堂上出现了课外延伸拓展的内容；四是课文的教学体现的是"以学定教，顺势而导"的教育观念，这是对学生学习主体地位的尊重；五是教研员亲自上示范课，让老师们感觉很振奋、很新鲜。

我在享受成功的快乐之余，有一个想法在心中腾起：原来自己以为很平常的一节公开课，因为我是教研员的身份，而引起巨大的反响，老师们的讨论、模仿甚至超过了一些著名的特级教师！这是因为我跟他们很熟悉，也是因为一直以来，我们没有教研员去上公开课、研讨课啊！是太多的顾虑束缚了我们教研员的手脚啊：能当教研员的人，在当地的教育圈子中多是一些功成名就的人，怕课上砸了，没有面子；要不就是习惯了当幕后的指导、理论的把握，而淡化了站在讲台上的那种感觉。我又联想到以前自己在学校当语文老师，指导学生写作文时，我喜欢写下水文，去体验学生写作时的酸甜苦辣，学生因为老师的下水文而"亲其师，信其道"，达到提高写作水平的效果。教研员，在某种意义上讲不正是我们老师们的老师吗？那么，下水课就应该像下水文一样，起到既是示范又是引领指导的作用，不是更好吗？从这以后，我把上下水课定为自己教研工作的一部分，我要和我们区的小学语文老师们一起共同成长。

2002年5月，在广州的乐贤坊小学，我把课展示了，得到的评价跟我们区的差不多。6月，在肇庆市的小学语文青年教师阅读课大赛上，我区十五小的刘浩宁老师用我的这种理念，执教的《可爱的草塘》获得了全场最高分，他的课有许多环节和理念就是整合了我的课的亮点。他最终被选中代表我市参加全省的比赛，当时，他只有一年半的教龄！

2002年9月，我们区成为广东省第一批的课程改革实验区，课程改革的理念开始在我们的教学中体现，因为有了这样的铺垫，第一批参加实验的老师们比较快地接受了课改的理念，我区的小学语文课改比较顺利地开展起来，这也许是当初我上这节课没有想到的另一种效果呢。

2.《田忌赛马》教案
——人教版第十册15课

【教学理念】

在本册选编这篇课文，意图是使学生从中学习认真观察分析的态度和科学的思想方法，体会孙膑的足智多谋，还要学习作者按一定顺序写的表达方法。因此，在课堂上要让学生充分运用语言发掘教材，把课堂还给学生，凸显学生在语文学习中的主体地位，为学生语文素养的形成服务。

【教学目标】

1. 学会本课8个生字，能正确读写"垂头丧气、胸有成竹、得意扬扬、目瞪口呆、转败为胜、轻蔑、疑惑、讥讽"等词语。

2. 有感情地朗读课文。

3. 理解课文内容，学习孙膑认真观察、分析的态度和正确的思想方法。

4. 学习按一定顺序写的表达方法。

【教学时数】

2课时。

【教学过程】

第一课时

（一）板书课题

说：课文讲的是赛马的故事，赛马的人是田忌。

（二）齐读课题，小声读课题

问：你从课题提出什么问题？（相机归纳）

1. 田忌和谁赛马？

2. 赛马的过程是怎样的？

3. 赛马的结果是怎样的？

（三）结合问题读课文，通过查工具书和同学讨论，把答案连起来说说，告诉同学们，强调要连起来说说。

（四）学生回答，强调同学要留心听，比较哪一位同学说的答案更接近三个问题的结果。学生比较时要他说出理由。

（五）继续读课文，看还有什么问题没解决。（指出课文中有一句话是作者的议论，自己找出来）

1. 学生读、背、默写这句话。

2. 老师板书："还是原来的马，只调换了一下出场顺序，就可以转败为胜。"（找一找老师、自己默写错的地方）

3. 画出关键词。（板书）

4. 围绕"转败为胜"你可以提什么问题？

5. 找到田忌之所以失败的句子，把有关词语画一画。（板书）然后演一演，用自己的话小结。

6. 还是原来的马，为什么赢，要进一步探究。（第一课完成）

第二课时

（一）总结上文，引入新课。

（二）让学生演示第二次比赛，体会为什么"转败为胜"。（让学生评议讨论，特别体会描写田忌、齐威王、孙膑的词语。要求读出自己的理解，在读中体会词语的意思，体会人物的性格）

（三）再次体会"为什么调一下出场的顺序就能转败为胜"，包含着孙膑的——仔细观察、综合思考、凝聚了智慧。（让学生总结孙膑胸有成竹的原因：1.齐威王的马比田忌的马快不了多少。2.蕴含对齐、田的了解）

（四）把"仔细观察、综合思考"放到句子里，自己说通顺。

（五）总结全文：设想这场赛马将现场直播，请学生当节目主持人，现场解说这场比赛。

叙事：

这是我当教研员上的第二节公开课。这是2003年5月，"非典"肆虐的时候，人心有些慌乱。同时，课改开展了快一年了，人们发现，一些课上得花哨、热闹但是没有语文味。在报纸杂志上发现对于语文课有两种看法：突出人文性，淡化工具性；强调工具性，弱化人文性。在区里的教研活动中，很多老师都跟我说起对课改的迷茫，仿佛人们对待"非典"一样，一窝蜂抢买盐、醋，抢买板蓝根，没有冷静客观的想法。于是，我想，我们自己学语文时是怎样的？从小学到大学，有哪篇课文给我们的印象最深？都是因为它直指心灵，引起共鸣才让我们记住它，从而记住了它的词句、结构……因此，课标所讲的工具性与人文性的统一是很正确的。但如何在我们的语文课上达到工具性和人文性的统一呢？我设计并执教了《田忌赛马》。因为是"非典"期间，不允许有大型的集会，我邀请了区里参加课改年级教学的教师代表观摩了我的这一课。

课后，老师们跟我交谈了看法：这一课抓住课文中"还是原来的马，只是调换了一下出场的顺序，就转败为胜"这句关键的话，引导学生深入研读课文，在读中落实诸如词语理解、描写顺序、人物性格、复述故事等语文知识。又引领学生品悟孙膑面对劣势，仔细观察、综合思考、出奇制胜的品质。整节课没有花哨的课件和教学环节，学生在读中了解课文内容，在读中体会人物性格，在读中感悟文章的主旨。

老师们尤其欣赏我在小结中的话："面对事情，我们要像孙膑一样，不要轻易丧失信心，也不要盲目跟风泄气。而应冷静思考，综合观察，才能立于不败之地。"不管是强调工具性也好、人文性也好，适合学生发展的课才是真正的语文课。小平同志强调的"实践是检验真理的唯一标准"是千真万确的！

与其坐而论道，不如付诸实践！这是我和老师们的共同感受！"千里江山寒色远，芦花深处泊孤舟。"这是我独自思索语文课改的真实写照，幸运的是我看到了曙光！

3. 穿越时空会古人（六年级作文课）

【教学目标】

1. 认识古代诗词的基本知识，熟悉诗词所表达的内容和思想感情。

2. 学会归纳总结知识的规律。

3. 熟练地用学过的文体表达相同内容，拓展写作的思路，激发学生写作的兴趣。

【教学过程】

1. 引入：同学们，这个学期结束，我们就成为中学生了，大家相处了6年，现在会给自己的同学写留言吧？我们中国是一个诗礼之邦，大家有用诗词的形式给同学留言的吗？下面是杨老师在大学毕业时用填词的方式写给一位朋友的留言，我想给大家看看，算是抛砖引玉吧！

2. 出示课件。师读，解释：《贺新郎》是词牌，这首词有上下两阕。下面我想请同学们讲讲你们对我们熟悉的诗词的了解。（生上台讲，师相机归纳板书）

3. 问：大家讲了那么多，如果让你们就以上内容出些写作题目，你们会写些什么呢？（生答，老师相机归纳出示写作要求）

4. 今天，就让我们穿越时空会一会古代的诗人，用我们的笔写出他们的激情、诗情和别情吧。（板书课题，学生开始写作）

5. 师巡视，选定几篇有代表性的文章。（十五分钟）

6. 生读文师范评。生同桌评改，上台展示同桌评改的成果。出示并欣赏老师的下水文，生评老师的下水文。学生展示自己文章中最精彩的词语或句子段落。师鼓励学生用诗词给同学写留言。即堂未完成的作文回家完成，下课。

叙事:

这是在2004年4月在我区小学青年教师口语交际(作文)教学比赛上的作文课。课改进入第三个年头,无论是小学语文界还是我们区内,对课改阅读课的研究都积累了一定的经验,而课改的作文课应该怎样上,要把握什么尺度?大家心里没底,有些纸刊杂志甚至把作文比作语文课改的最后一个"堡垒"。大家都提议我来上一节作文课,因为作文课不好驾驭,学生在课堂上生成的东西太多了,普通的老师不好把握收放的尺度,在这样的背景下,我又一次站上了讲台。因为事前发了通知,全区的很多教师都来了,教室挤满了人。附近的高要市、鼎湖区的部分老师也闻讯赶来。我想:这节课正因为有那么多的老师来听,我的课带给他们的理念会是全新的,将会有力推动我区作文教学的改革。

这节习作课上完后,听课的教师和上课班级的学生有如下反响:

1. 原来作文课可以这样轻松地上,没有什么遣词造句的指导,也没有什么篇章结构的要求,学生轻松地就完成了几百字的作文,而且言之有物、言之有序。

2. 在教科书上找不到这样专门的习作训练,但小学阶段学生要求掌握的习作文体,基本在这一课中得以呈现。

3. 让学生知道一个内容或材料可以有自己喜欢的表达方式,是小学六年级学生和初中学生学习方法过渡与衔接的范例。

4. 学生认为作文原来可以这样写,自己选择材料,自己命题,自己选择文体,把课内外的知识融合在一起就可以写出好作文,一节课还可以复习到小学阶段几乎所有学习过的文体。

学生在这节课上学到的不仅是习作的方法,更多的是思考问题的多向性、表达方式的多样性、学习知识的综合性。他们的视野不再局限于某首诗、某个诗人,而是由此及彼,举一反三。具备了这样思考问题的能力才是一个人终身赖以发展的根基。

叶圣陶先生有两句经典的话经常被我们的语文老师引用:"教材无非是个例子。""教,是为了达到不需要教。"深刻咀嚼叶老的话,我们不难发现对教材恰当地使用,以学生的发展为前提,用好教材、用活教材,这样,我们的语文教学之路才越走越宽!我们常常感觉语文教学"无觅处",独辟蹊径,整合教材不失为一个好方法。

4.人教版课标实验教材三年级下册
25.太阳是大家

【教学目标】

1. 会认2个生字，会写4个生字。正确读写"红彤彤、晚霞、睡梦"等词语。

2. 正确、流利、有感情地朗读课文，背诵课文。

3. 理解课文内容，体会各国儿童的团结友爱，感受诗歌的快乐氛围。

【教学重点】

引导学生朗读、背诵诗歌。

【教学难点】

理解诗歌的含义。

【教学时数】

2课时。

第一课时

（一）谈话引入

同学们，还记得我们这个单元有一课叫《太阳》吗？请大家背一背课文的最后一段。（学生背诵后）师说：的确，我们不能没有太阳，太阳是大家的。板书课题，齐读。学生就课题发问。（把学生的问题归纳板书在黑板上）

（二）温故知新

一、二年级我们都学过诗歌，如《假如》《一株紫丁香》《要是你在野外迷了路》等，你们是怎样学的？归纳学生回答，出示课件。提出学习方法，让学生按方法学习。板书。（识字词、读诗句、明诗意、赏手法）

（三）学生自由朗读课文，回答各小节分别写了什么，（板书）画出生字新词。

（四）学生分小节朗读，随文出示生字新词，了解新词的意思，指导写好5个生字词。（每个词写2个）

（五）回顾全文，多读几次课文，解决了什么问题，看有没有新问题提出，在不懂的地方做好标记。（老师归纳板书）

第二课时

（一）复习生字新词。学生以小组为单位，每小组选一个小节设计朗读方式，学生讨论，并谈谈理由。

（二）各小组汇报朗读，生互评，并背诵自己喜欢的小节。

（三）学生继续谈对课文含义的理解。老师出示《儿童和平条约》，要求读完以后，结合课文，谈谈理解。

（四）学生谈理解，老师归纳板书。

（五）有感情地朗读并背诵。

（六）小结，拓展深化：你想对别的国家的小朋友说些什么？写下来并读给大家听。

（七）总结全课，归纳学习方法，出示拓展练习。

（八）作业：有感情地朗读并背诵全诗，把自己感兴趣的诗歌抄下来，用这节课学到的方法学习其他有关太阳的诗歌。

板书设计：

25　太阳是大家的

维护世界和平

共建美好家园

叙事：

2005年，我们课改的年级到了三年级，三年级的语文教学是小学阶段的转折点，从一、二年级注重记忆性的知识到要注重学习方法的渗透，这是学生学习方法的质的转变。在区教材分析会上，许多老师跟我谈到这方面的忧虑和思考。我想，作为教研员，因为比普通一线的老师站得高一些，思考得更深、更广一些，我的下水课能为我们的一线老师做出符合我区教学实际的示范。我对我的下水课做了几个定位：一是要体现学习方法的渗透和延续；二是尽可能不用课件，这是针对我区15所郊区学校而言的；三是体现完整的一课的教学，要让老师们看到整课的教学过程。

我把课放在第十五小学开放日的那一天来上，全区各小学的老师都来了，闻讯而来的有高要、德庆的部分老师。

课上完后，我有如下的感受：

第一，比较好地体现了三年级教学的特点。注重学习方法的渗透；注重承上启下的衔接，既注意一、二年级字词教学的深化，又注意与四年级知识学习衔接；并且注重了学生主体地位的体现，在这节课上，我以学定教，顺势而导的教学风格趋于成熟。

第二，比较好地体现学生接受知识的过程和方法。

第三，真正做到简单教语文和扎实教语文的理念。

不足和反思：

对于三年级的学生来讲，我让他们在学习诗歌的方法中有一个"赏手法"的环节，我觉得对于三年级的学生要求高了一点。

杨万里诗云："接天莲叶无穷碧，映日荷花别样红。"接下来几天的听课，我发现郊区学校的许多老师在模仿我的课，没有埋怨设施的不足，也注意了体现三年级的教学衔接。这份喜悦，我是从心底升起。

5. 聊聊热门话题（人教版课标实验教材五年级上册口语交际课）

【教学目标】

1. 以聊热门话题切入，让学生了解话题作文的基本写作方法。

2. 掌握五年级口语交际的要求。

3. 知道如何在日常生活中提炼话题素材，并主动发表自己的看法。

【教学时数】

1课时。

【教学过程】

1. 谈话引入：今天我们上的是口语交际课，所谓交际，大致说是交流。我们要善于从别人的说话中吸收有用的信息。下面，老师请一位同学读一读我出示的内容，大家认真听，看看你接收到了什么信息。

2. 出示课件2、3、4，指名读，问：大家从中接收到了什么信息？

3. 生答，所谓话题，在现代汉语词典中的解释是"谈话的中心"。顾名思义，话题作文就是围绕一个中心进行写作的文章。看来，"话题作文"已经成为我们学生写作、考试的热门。我们今天口语交际的重点内容就是"聊聊话题作文"，我们通过了解话题作文，掌握话题作文的写作要领，自由地就话题发表我们的见解，这对我们终生有用。那么，关于"话题作文"，你知道了什么？又想知道什么呢？它跟我们以前的作文有什么相同的、不同的地方呢？

（出示课件5）

4. 学生小组讨论，指名回答。归纳：

（1）话题作文的来源很广泛。

（2）话题作文的写作要求。（自定题目、自定角度、自定文体）

（3）话题作文与以前作文的异同。（出示课件6）

过渡：刚才我们了解了话题作文的写法，为了让我们有话题可写，学会在生活中提炼话题，下面我们对自己关心的话题进行交流，让大家选择感兴趣的话题进行口语交际或写作。老师先做个示范。（课件7）

5. 堂上练习：出示课件8，学生四人小组交流，确定话题，用纸条写出来。（配乐）

6. 学生汇报。（你们交流了什么，最后选出了什么话题，为什么选这个话题？）回顾交际要求，听完后可以补充发问。

7. 小结：今天的课大家交流得很热烈，我们初步把话题作文的写作方法掌握了，也聊了很多大家关心的热门话题，今后我们多加实践，相信我们能把话题作文写好，也能养成关心时事的好习惯。记得有一副对联：风声、雨声、读书声，声声入耳；家事、国事、天下事，事事关心。老师有个建议：把今天课上你感兴趣的话题写成一篇文章，或者跟你的家长、同学、老师交流看法。

8. 下课。

板书设计：

聊聊热门话题

重点：话题作文

自拟题目

自定角度话题作文的写作方法

自选文体

叙事：

人教版课标实验教材五年级上册出现了话题作文的知识点，这对于小学语文老师来讲是一个教学的难点。敏感的老师跟我说，这几年的中考、高考也考话题作文，也许，话题作文是作文教学的热点。我翻查了有关话题作文的资料，了解到话题作文的确是作文教学的一个比较好的形式，因为它只是一个范围，而作文可以自定角度、自选材料、自选文体来写作，从作文教学的角度来讲，它真的是比较符合我们提倡的"我手写我口，我手抒我心"的作文理念。有自己的真情实感，有自己喜欢的表达方式，是我们一直追求的比较理想的作文教学境界。

基于以上理由，我想找一个机会跟我们的语文老师谈谈话题作文的教学。我看到五年级下册有个口语交际的练习：聊聊热门话题。我灵机一动，何不把口语交际课与聊话题作文联系在一起呢？新课程标准提倡的语文教学的四大基本理念当中就有一个——建设开放有活力的语文课程。所以我把这个口语交际内容进行了调整：把近年来高考和中考的作文题出示给学生看，让学生以"话题作文"作为热门话题参与讨论，从中得出写话题作文的方法。这样的设计既可以把话题作文的指导巧妙地融入口语交际的内容中，又让学生从中得到如何进行话题讨论的训练。学生谈完话题作文后，再聊其他热门话题，选取自己感兴趣的话题按话题作文的写法进行写作，整节课把作文指导、口语交际有效地融合，起到了相得益彰的效果。

从课堂的效果和学生的习作反馈来看，我的尝试是成功的。正如鲁洁老师所说："新的课程要求教师树立一种新的教材观，摒弃那种'教教科书'的课程生活。教材不是不可更改的静态文本，不是师生课程生活的一根指挥棒，不是指令性课程范式下的产物，它本身就包含了多元性和差异性的教学空间。教师要由教材的忠实宣讲者转变为教材使用的决策者，确立自己作为课程教材的创造者和实施主体的意识，摆正教材作为工具的地位，学会'用教科书教'，能够在具体教学情境下，根据不同的教学对象对教科书进行修正、开发和创造。"

更大的收获是，老师们觉得话题作文指导不再是困难的事，有了明确的指导方法。

6. 享受课堂的快乐
——五上《七律·长征》的故事

2006年11月，我们到武汉观摩全国第六届青年教师阅读课大赛，从这次赛课上，我们看到了课改五年来我们在语文课上走过的清晰的轨迹：花哨的课——偏重于工具性或者人文性的课——简简单单的语文课（工具性与人文性统一的课）。课改五年的探索告诉我们：简简单单教语文、扎扎实实教语文是我们语文教学不变的真理。

观摩大赛回来，如何向我们全区的老师传达这种新的理念？我和教研会的领导们商量后，决定还是通过我的上课和课后说课来传达这个信息给我区的语文老师们。我们摸索了五年，也有许多学校的老师开始思考探索语文课改课该怎么上，因为比我们晚一年进行课改实验的县区正在走我们当初追求的花哨的语文课的老路，而且有一定的市场，给我们的老师造成一些影响和误解。于是在2006年的11月，我在十五小进行了第一次试教。教案如下。

人教版课标实验教材五年级上册

25　七律·长征

【教学目标】

1. 认识3个生字，会写3个生字。能正确读写"长征"等词语。

2. 有感情地朗读课文。背诵课文。

3. 理解诗意，感受毛泽东及中国工农红军大无畏的革命精神和英勇豪迈的气概。

【教学时数】

1课时。

【课前准备】

收集了解毛泽东主席和红军长征的资料。

【教学过程】

1. 课前谈话：同学们，你们认识这个单元我们导读部分的这个人吗？他就是我们中华人民共和国的缔造者之一，伟大的无产阶级革命家、军事家、政治家、诗人——毛泽东。这个单元就是以"走近毛泽东"为专题来学习的，我们通过这个单元的学习，领略毛泽东诗人的魅力、领袖的风采、父亲的情怀。今天我们首先要学习的，就是他在1935年9月，红军即将结束长征时写下的诗篇《七律·长征》。（板书课题）

2. 简介律诗的特点。

3. 初步了解长征：今年是红军长征胜利70周年，我相信大家在上课前都收集过长征的有关资料，你们能谈谈你们所知道的长征吗？（随学生的讲述出示有关长征的图片，移动式出示，配《长征》这首歌，要有渡河、夺泸定桥、爬雪山、过草地的主要图片和长征线路图）

4. 学生谈后小结：长征是人类历史上一首壮丽的史诗。毛泽东作为长征的主要领导人，长征途中的万水千山和激烈壮阔的战斗，令他的思绪自由驰骋，他为红军的英勇而慨叹，所以用诗记录下这一段辉煌悲壮的历史。下面我们就来学习这首诗。（出示全诗）

5. 一位学者说过："诗歌是文字的精灵。"我们学习诗歌，必须把握诗歌语言精练、言简情深的特点。我们按照"读诗——明意——悟情"的学习方法，就能把诗学好。下面请同学们试着把这首诗读出来。

6. 学生读，指名读，检查正音。

7. 我们把诗歌读正确了，就进入"明意"这个环节，我们怎样才能理解诗歌的意思呢？（引导学生得出方法：先找重点词、借助注释、结合历史背景，解释诗句意思）下面，我把四联诗分给各个小组解释。

8. 学生自学回答诗意，老师相机归纳小结。

9. 这是一首气概豪迈的诗歌，请大家听一听谱成歌曲是怎样唱的，注意演唱者的感情和节奏变化，听完后我们要进行有感情地朗读。（播《长征》歌）

10. 学生思考朗读方法并有感情地朗读。

11. 孔子说过："诗言情，歌咏志。"读过这首气势磅礴的诗歌，你悟到了什么？（学生自由谈，老师相机板书）

12. （播电视剧《雄关漫道》片尾曲）是呀，我们的革命先辈为了让人民过上幸福安康的日子，走过枪林弹雨，走过冰雪泥泞，走过重重关山，这坚定的信仰，使我们的红军完成了人类历史上空前绝后的长征，请我们再一次有感情地朗读这首诗吧。读完后背诵下来。

13. 胡锦涛在社会红军长征胜利70周年大会上的讲话："在艰苦卓绝的长征中，英勇的红军将士之所以能够视死如归、浴血奋战，之所以能够战胜人世间难以想象的千难万阻，就是因为他们心中有着为人民解放和民族自由而奋斗的崇高理想和坚定信念。崇高理想和坚定信念，是战胜困难、赢得胜利的力量源泉。"同学们，70年过去了，今天我们学习《长征》，不需要我们去冲锋陷阵，而是把长征中红军坚定信念、战胜困难的精神作为我们一生中宝贵的精神财富，走好我们人生的每一步。

14. 布置作业。（课件出示：1.背诵全诗。2.继续了解长征和毛泽东的资料，把感想写下来）

板书设计：

25　七律·长征

苦——不怕（革命乐观主义）

难——只等闲

下面就是我五教《七律·长征》的经过：

第一次教的流程：在肇庆市第十五小学试教，学生属于较好的一类。课前播《十送红军》的歌曲，创设氛围——谈话引导学生谈对长征的感受——观看课件了解长征——出示全诗，按照"读诗、明意、悟情"的方法学习——总结，布置作业。

反思：在让学生谈对长征的感受时，有学生用"勇"来形容长征，我没有很好利用这个课堂生成的资源，结果失去了一个顺势引导学生感悟诗情的机会。

第二次的教后反思：这次在肇庆市第七小学上。当学生对"五岭逶迤腾细浪，乌蒙磅礴走泥丸"诗意无法理解的时候，我让学生在"腾细浪、走泥丸"前面加上一个"像"字，学生豁然开悟，被听课老师称为"神来之笔"，这是以学定教、顺势而导的成功实验。

第三次的教后反思：这次在封开县南丰中心小学上课。在上课前，我发现学生已经对诗歌的大意解释得很清楚，原来是他们的老师好心，怕学生回答不出来，事先把诗意让学生抄在书本上，根据这情况，我把"悟情"这部分延长，让学生真正地从了解诗歌的历史背景中读懂了诗意，真正掌握了学习诗歌的方法。从另一个侧面也反映了我们很多的教师在诗歌的教学中只是机械地把诗意塞给学生就算了。

第四次的教学流程：课前播《十送红军》的歌曲，创设氛围——谈话引导学生谈对长征的初步感受——观看课件了解长征——出示全诗，按照"读诗、明意、悟情"的方法学习——以毛主席、胡主席的讲话作引导悟情——总结，布置作业。

反思：这次在封开江口中心小学上。课前学生没有做任何准备，连我上什么课都不知道，因此，所有的环节我都做了调整。尤其在解释诗意时很注意引导学生掌握方法，把"金沙水拍云崖暖，大渡桥横铁索寒"以老师做示范的形式，干脆地解决了难点，也是"神来之笔"。最深的感受就是语文要让学生喜欢，就必须依学情来调整教学手段和环节。这是解决语文课堂有效性的最好途径。

第五次的教后反思：这次是应广东省骨干教师培训班的学员的要求，在肇庆市第十六小学上的，事前我让其老师布置学生收集有关长征的资料。在课前播放《十送红军》的时候，我已经对学生的预习有了大致的了解。所以我把教学重点放在如何读懂一首诗的方法传授上，让学生在亲历的过程中悟得学习诗歌的方法。因为目标的单一有效，所以学生学习的思路是很清晰的，当那名激情四溢的学生声情并茂地朗读诗歌时，我相信学生们真的把诗歌读懂了。

综合这五次的课，我有一个最大的感受：教案是死的，而学生是活的。所以，尽管这五次上课的流程基本是一样的，但老师们都说每一次听课都有新的亮点，就是因为我根据学生的学情在教学的时候做了适当的调整。以学定教，是一个教师教学艺术成熟的表现，也是一个教师在重复的教学中取得不竭激情的秘密，因为我真正享受到了这样创造的课堂给予我的快乐！

7.人教版课标实验教材六年级下册
古诗词背诵单元教案

【教学目标】

1.知识与技能：读懂诗意，背诵10首古诗词。

2.过程与方法：基本掌握学习古诗词的方法——利用注释读懂诗意，找出名句，实际运用。

3.情感、态度和价值观：初步了解诗词蕴含的思想感情。

教学时数：两课时。

第一课时

【教学目标】

1.掌握学习古诗词的一般方法——利用注释读懂诗意，有感情地朗读。深化感悟。

【教学过程】

1. 导入：诗词是中华文化的经典。一个人有一定的诗词的积累，他会是一个有素质、有气质的人。今天我们学习这个单元的目的就是总结诗词学习的方法，运用诗词，让诗词成为我们生活的一部分。

2.提问归纳诗词学习的方法，板书。

3. 看课本仔细读10首古诗词。感悟主题格调，自己有感情地朗读。

4. 尝试感情配乐朗诵10首诗词，并说说自己的感受。

5. 讲解学生觉得最难的一首诗或词。

6. 小结下课。

第二课时

【教学目的】

1. 通过品味名句体会诗歌感情。

2. 深化运用，在生活中深化理解和运用。

3. 即堂背诵古诗词。

【教学过程】

1. 试图背诵所学诗词。（用填空式或师生合作式）

2. 仔细品读诗句，找出打动自己心灵的句子，就是名句。谈谈自己的理解。

3. 讲述周恩来和陈毅用名句的故事（或温家宝引用名句的故事），引出在生活中用名句的意义。

4. 学生把名句赠给同学，赠给学校。

5. 总结全课。下课。

板书：（据学生的回答相机归纳板书）

古诗词背诵

流利朗读读懂诗意

找出名句熟读成诵

积累运用横向联系

【课后反思】

这节课上下来，我感觉比较兴奋。首先，要求学生通过这节课总结归纳古诗词学习的方法这个最重要的目标达到了。可以说，学生具备了一定的古诗词自学的能力。其次，这个班的学生在没有跟我事先接触的情况下，课堂生成的精彩发言、朗读、表达令人欣慰。这是一所面上学校的学生啊！说明这个课的思路和方向是对的，适用于我们区的所有学校，这是我最感欣慰的地方，还有什么比全体的学生得到发展提高更令人高兴的呢？最后是我个人的课堂驾驭能力相比上一次有了提高：上课环节紧凑了，语言更加精练到位，以学定教的体现更加清晰。

还有一个感触是：新课程要求我们老师是用教材教学。因此，课本的教材是一个资源，关键是靠我们老师适当的使用，使之达到最大效益。

当然，课还有许多不足，凌琳老师、唐凌洁老师所提的对学生朗读指导不足，小组交流不够；自己的课堂语言还要锤炼得更加精当，还有……

我期待着下一次的精彩！（2009年3月5日博文）

8. 人教版课标实验教材六年级下册21课
我最好的老师

【教学目标】

1. 正确读记"编造、破绽、强调、教训、驳倒、论证、权威、糊弄、受益、出人意料、目瞪口呆、饶有趣味"等词语。

2. 读懂课文描写的故事，理解怀特森先生独特的教学方法，体会到一个人具有独立思考、独立判断和怀疑能力的重要性。

3. 进一步学习通过具体的事例说明道的写作方法。

【教学时数】

1课时。

【教学过程】

课前谈话：你认为最好的老师应该是怎样的老师？

1. 导入：刚才同学们都谈了自己心目中最好的老师的标准。那么在英国作者大卫·欧文的眼中，最好的老师标准是怎样的呢？（板书课题，明确略读课文的学习方式）

2. 检查课前预习情况。（出示以上词语，检查朗读和理解）

3. 出示填空（尽量用上上面的词语）：文章通过回忆作者学生时代怀特森先生上科学课时（　　）"猫猬兽"的事情，使全班学生测验得零分的事，教育学生懂得不迷信书本，不迷信（　　）的道理，使作者终生（　　），养成独立思考判断的精神，并以此认为怀特森先生是他（　　）。

4. 尝试用新的方法学习课文。

谈话：刚才我们都是用常规的方法学习课文的。今天我想和同学们分享独特的阅读文章的方法。在老师当学生的时候，有时候读文章读不懂，我会尝试着从作者的角度去想。例如，如果我是这篇文章的作者，我想告诉大家什么？

我写什么内容能使大家明白我的意思？我会用什么办法使自己的文章更加吸引人？后来，很多开始读不懂的文章用这个办法读懂了，而且越读越有意思。今天我们就借这篇课文，体验一下从另一个角度读懂文章的乐趣。

5. 出示阅读提纲：

（1）如果我是这篇文章的作者，我想告诉大家什么？

（2）我会写什么内容使大家明白我的意思？

（3）我会用什么办法使自己的文章更加吸引人？

再次自由阅读，并在书本中做好批语。

6. 学生阅读后汇报。相机指导读好直接说话和间接说话部分。

7. 讨论：最后一个自然段是否可以删去？

8. 引导学生完整归纳本课的学习方法。

9. 作业：用"我最好的老师"为题，学习作者的写作方法和技巧，自己选材写一篇文章。

板书设计：

21　最好的老师

写作目的：赞扬先生教育我们不迷信书本，不迷信权威。

写作内容："猫猬兽"事件。

写作方法：人物语言、详略得当、过程具体。

设计意图：进行略读课文的教学尝试，指导学生从作者这个角度来看课文。其实仔细看这篇课文的结构，有点儿像以前的读写例话，也引发了我引导学生从作者的角度学习课文的思考。这样使学生走进作者构思文章的内心，从而使阅读更容易找到切入点和方法。从另一方面看，也使学生在阅读的过程中学习到写作的方法。

反思：课上下来，学生的"读者意识"增强了。学习课文多了一个角度。

9.《我最好的老师》习作评讲课

六年级的作文评价与其他年级有什么不同？是否还是纠缠于字词句的修改？带着这个思考，昨天我用上次七小上阅读课的六（2）班，上了一节作文评讲课。一来，布置了作业让学生写作文，批改了，就得"还债"。二来，应肇庆学院教育学院的邀请，为广州番禺区的骨干教师上一节研讨交流课。流程如下：

1. 回顾上节课谈到的作文技巧。板书：设计悬念、心理描写、语言描写，归结这是"读者意识"。

2. 出示本次作文的整体情况，让学生了解自己的作文水平达到的程度。

3. 欣赏精彩片段，分别是开头片段、过程片段、结尾片段，学生交流精彩片段的好处，老师相机板书：动作描写、结尾点题，并小结读者意识的全部内容。

4. 出示问题片段，让学生了解片段问题所在：人称混乱、语句搭配不当、内容雷同、表达含糊等问题，根据学生的情况，修改错句或者文段。

5. 总结全课，下课。

设计意图：我一直认为，作文评价要适度到位才能使学生获得真正的表达快乐，而课标当中的年段要求相对笼统。到六年级，如果还是纠缠于字词句的修改，学生就失去了整体把握文章的基本能力。因此，引导学生写作时具备读者意识，先做到布局谋篇，再遣词造句，适当运用一些写作技巧，对学生进入初中学习和写作都具有铺垫作用。因此就有了我的这次尝试。此外，这次的习作评讲与之前的试教又完全不同，都是根据学生的习作而做出的调整，就是以学定教吧。立足于学生实际，永远是我们语文课堂的灵魂。针对我们的作文教学重指导轻评讲的问题，也做了尝试，让我们的老师重视习作评讲。

反思：相隔了差不多一个月，与学生再次上课，还是有些欠默契，可能是身体的原因，头脑的反应也不够敏捷，在某些句子的点评上欠妥。据听课老师说欠些笑容，这些都值得我今后改进。

下面还有现场我的弟子张巧儿记录整理的其他老师的点评：

《我最好的老师》命题习作评讲研讨

优点：

1. 用三个词形容：这节课的特点是"真实""朴实""扎实"。

2. 方法指导很到位，学生不会觉得枯燥，更加容易接受。在指导上循序渐进：①在评议中指导；②同时注重了学生的主体地位；③修改片段，让学生学有所获。

3. 老师围绕着"读者意识"来讲，目标性非常明确。

4. 让学生在美的欣赏中学习，从不足片段的修改中得以提高。

5. 这是一节完整的习作评讲课，整个篇章很完整，目的性强，重点突出。

6. 在课堂上渗透抄袭问题，很好地捍卫了知识产权。

建议：

1. 时间允许的话，让学生运用所学方法修改自己的某个片段，这样整节课更完整。时间可以在复习环节简化，雷同片段提问部分也可以简化。

2. 不足片段的选择，是否应该选择技巧有问题的片段。

3. 对修改的片段，教师心里应有一个标准，事先想好一个修改好的，给学生一个范本。

4. 生生互动、师生互动方面仍不够。

5. 应该印发学生不足片段的纸张，方便学生修改，降低学生修改难度。

10.《中彩那天》教学设计及叙事

一、课前游戏：先书写自己的姓名，记住自己姓氏的笔画数。我开始抽奖：认为自己的姓氏笔画数最少的同学请站起来。（一位姓孔的同学站了起来）上前抽奖，奖品是拥有带领杨老师大声朗读名言的机会。第二次抽奖，认为自己的姓氏笔画数最多的同学站起来抽奖。（十多位同学站起来，最后确认是一位姓魏的同学）奖品是带领全班同学朗读名言的机会。第三次抽奖，是和杨老师一样姓杨的同学，全班没人姓杨，学生提出姓名中有杨字也行，最后有同音字的也行，有一男一女上来抽奖，奖品是分别带领男女同学朗读名言。

（设计意图：是把汉字知识和学生生活结合起来，体现语文学习的生活性。另外，让学生形象地感受"中奖"的偶然性，让学生对每一次抽奖充满期待。奖品的设置把本单元的主题巧妙地融合其中。而与"杨"字同音的做法是利用课堂的生成而为。）

二、采访几位获奖学生，谈中奖的感受，引入课文，我板书课题，学生书写。并了解多音字"中"的读音和组词，让学生学着记录在书上。

（设计意图：学生获奖的兴奋跟课文中父亲的神情严肃对照，可以引起学生的阅读兴趣。书写和区别读音、笔记都是培养学生语文学习习惯之举。）

三、默读全文，圈出生字新词，思考课文讲了一件什么事。完成任务后把书放好，坐好。（学生读书约6分钟）

（设计意图：学生整体感知课文，并初步从文中感受生字新词的意思。）

1. 指名学生回答课文讲了一件什么事。第一位学生回答得很完整，我征求其他同学意见，都同意他的归纳。

（设计意图：学生在整体感知课文的基础上，概括文章主要内容，是本课的重点学习内容，此举也为下文学生书写主要内容做好铺垫。其间，我让其他学生仔细倾听这位同学的发言，进行补充完善。也是为了让学生能充分感受领会这篇文章的主要内容。）

2. 出示生词新词，开火车朗读。让学生谈谈不理解的词语，学生指出梦寐以求、馈赠、闷闷不乐、精湛、器重等。

我再问：平时遇到不理解的词语有什么解决办法。生答有联系上下文、找近义词、拆词拆字法、上网查、问同学和老师。

我说：限于现在上课的条件，我们尝试用找近义词和反义词的方法来解释刚才同学提出的不理解的词语。共八对。梦寐以求（朝思暮想）、维持（保持）、馈赠（赠送）、精湛（精深）、闷闷不乐（兴高采烈）、迷惑不解（恍然大悟）、拮据（富有）、器重（看轻）。

（设计意图：展现学生学会解释不懂词语的过程，也体现了阅读教学积累的作用。）

3. 学生朗读后，我说：这里有一对对这家人很重要的反义词就是"拮据"和"富有"，请大家找出藏有这两个词的段落读一读。

（设计意图：在语境中再次深入理解这两个词的意思，也为揭示文章的中心打好基础。）

4. 学生找出两段课文后，我让大家齐读，并让学生想一想两段课文有什么关系，学生回答后把"首尾呼应"写在书上。再问如何理解在句子中的"拮据"和"富有"。

此时有学生说拮据就是钱。我接着问：钱多还是钱少？大家说是钱少。接着有学生插话说：拮据就是钱少生活贫困。我趁机把"拮据（生活贫困）"板书在黑板上，并顺势说，由此我们还发现拮据有一个近义词：贫困，让学生在书中记下。

（设计意图：这里纯粹是课堂生成，我关注了语文知识的积累和运用，让学生感受到学习语文的灵活。）

5. 回归课文最后一段，让学生思考带有"富有"的那句话，点出这是本节课最难的一个问题，请学生再次深入课文阅读并和同学讨论。学生读书约3分钟，请学生谈看法。经过五位学生的补充完善，基本把观点谈出：诚实守信是用金钱买不到的财富。我相机板书：富有（诚实守信）。还有一个小插曲：在提问第二个学生的时候，她是看着参考书回答的。等她答完后，我说了一句：知识的获取同样需要诚实，如果能把你的看法用自己的话说出来更好。

（设计意图：以理解这句话中的"富有"为切入点，引导学生再次深入阅读课文，挖掘文章的主题，把握课文的整体内容，为第二课时品味文章的主体部分，感悟人物的心理、表情、动作、语言的描写打好基础。这也是使零散的理解再次回归整体。）

6. 学生再次朗读两段课文，完成概括主要内容的练习。我提示尽量用上本课学过的词语。

（设计意图：降低四年级学生归纳主要内容的难度，穿插写字的练习，也使全部学生都能掌握本课的主要内容，不至于使中下的学生无法学会用通顺的语言概括主要内容，也对本课的词语进行了巩固和运用。）

7. 学生书写并与同桌交流，我巡视并个别提醒书写姿势。展示一位学生的作品，他的书写中有一处写成"道德问题"，我顺势让学生了解除了同学所写的答案，还可以有其他什么答案。学生马上把本课所学的近义词、反义词用上。我强调了一句：语文的答案不是唯一的，可以多样化。

（设计意图：强化写字教学，也强调让学生知道语文的词语丰富，只要言之成理，答案可以不是唯一的。训练学生调动多样的积累，丰富语言形式。）

8. 学生朗读完整的主要内容。读一读课文小练笔的内容，我以之作为作业。

四、总结本课：文中的父亲中奖以后因为一个道德难题纠结不休，最后还是成了道德的富人。这是一个平凡人给予我们的感动。最近在一部电影《一代宗师》中有一句台词老师很喜欢：人生的每一次相遇，都是久别重逢。相信我们今后再读到相似的文章时，会有重逢的感动和重逢的喜悦。下课。

反思：学生进入四年级，是一个承上启下的阶段，既要对低年级所学字词进行巩固，又要学习高年级的语文学习方法：做笔记、归纳方法、做眉批旁批等。新修订课标颁布后语文教学的四加一目标要体现。所以，作为语文老师，我在设计和实践语文教学的时候，是把落脚点放在了关注学生在课堂上时刻出现的学习语文的机会上，尽可能利用好它。一节课下来，我很开心，因为听说这个班原来是比较木讷的，而在我的课上出乎意料地活跃，我想，是因为他们的每一个我可以利用的语文能力点都用上了的缘故吧。（2013年3月6日博文）

11.《"凤辣子"初见林黛玉》教学设计

【教学目标】

通过品味小说中人物描写的手法，体会经典著作的魅力，学会欣赏经典著作的方法。

【设计理念】

这一组课文旨在让学生学习经典著作中描写人物的方法，从教材上看，学习"小嘎子"和"小胖墩"的描写方法作为自己作文的方法是比较容易的，而"严监生"和"凤辣子"因为与学生生活实际相距较远，不容易学到手。以这两个人物的描写方法入手欣赏，教会学生欣赏经典著作，是可以提高学生的阅读欣赏能力的。

【教学过程】

1. 导入：我们在理解了课文内容的基础上，学习欣赏经典人物的方法。本课借助《"凤辣子"初见林黛玉》这个片段，欣赏作家对人物描写的独到之处。先请同学们谈谈学习了这个片段之后的感觉。

（预设：学生谈到比较难懂，引出作品简介）

2.《红楼梦》这部小说问世以后，几百年来研究它的人很多，涉及各个方面，形成了一门专门的学派"红学"。其中众多鲜活的人物，也让人们研究起来孜孜不倦、兴趣盎然。我们学习的这个片段中的主要人物——凤辣子王熙凤就是中国文学画廊里一个经典的人物。了解经典，欣赏经典，才能提高我们阅读欣赏文学作品的能力。那么什么是经典呢？老师查了一下有关资料，请看屏幕，找一位同学读读。

3. 我想起了唐代诗人陈子昂的诗《登幽州台歌》，可见经典是"前无古人，后无来者"的，王熙凤也是这样一个经典人物，下面我们就来好好地分析欣赏一下。自由朗读课文，思考：作者主要写了王熙凤的哪些方面？

4. 生答后板书：外貌描写和语言描写。

5. 在欣赏她的外貌描写和语言描写之前，我们先看看她经典的外号"凤辣子"，关键字在哪儿？请用"辣"字组个词。（辣手、毒辣、心狠手辣、老辣、泼辣）待会儿我们根据课文描写给王熙凤的"辣"做个恰当的概括。

6. 出现外貌描写一段，指名读2～3人。理解：果戈理说"外形是理解人物的钥匙"。读了王熙凤的这身打扮，你读出了什么？（生答随机板书：地位高、美丽、高贵、奢侈、泼辣）

7. 好一个"粉面含春威不露，丹唇未启笑先闻"，我们之前看过这段出场的视频，是一个与众不同，在贾府中备受宠爱的角色！

8. 下面我们再看她与黛玉见面时说的几句话，请几位同学读读，你读懂了什么？

（1）既称赞了黛玉的美丽，又安慰了在场的其他嫡亲孙女，左右逢源，面面俱到。（老辣）

（2）迎合贾母，见风使舵，感情变化之快令人叹为观止。（老辣）

（3）表明待客热情，也炫耀在贾府中的地位和权势。（泼辣）

过渡：有研究《红楼梦》的人讲：王熙凤是红楼梦中的语言学家和心理学家，看到她在短短的三句话中，察言观色、随机应变的能力，不愧为老辣人物，怪不得在贾府中得宠啦。再次读读这个片段，谈谈你对这个人物的新认识。

9. 生答：归纳板书——读出言外之意，写出独特之处。

10. 其实高明的作者都善于运用多种独到的描写方法来写人物，使人物形象栩栩如生，达到很高的艺术水平。我们通过品读经典的人物形象，会获得阅读的快乐。下面我请大家读一读另一部经典小说《三国演义》中"关羽"出场的一段，看看作者运用了什么方法来写这个经典人物的亮相。

11. 生读约3分钟，自由谈看法。

12. 归纳：本课我们借助王熙凤这个经典人物形象学会了什么欣赏经典作品的方法？生答。（完成板书）作家在我们不经意间用高超的表达艺术刻画人物，让我们叹为观止，拍案叫绝，这就是经典。

13. 出示作业，下课。

板书设计：

品味经典之

"凤辣子"初见林黛玉

品味经典：读出言外之意

写出独到之处（动作、衬托、细节描写……）

叙事：

课改十年了，语文课回归本真的呼声越来越大：关注语言的积累和运用，关注文体特征，关注课外阅读的有效渗透……那么，怎样在具体的阅读教学中体现这些理念呢？我思考用一节课来体现，就有了以上这节课的教学研讨。这节课先在睦岗小学作为名师课进行了展示，然后在端州中学用实验小学的学生进行了"百千万"培训的汇报课展示。两节课上下来，我有如下感受：

1. 关注了文体特征。这是古典小说的节选，小说关注情节、人物形象、环境描写的三要素中人物形象的塑造是本单元的学习重点，这一组课文所选取的"嘎子""严监生""凤辣子"都是小说中典型的人物形象。本课我抓住"辣"字做文章，让学生比较充分感受王熙凤左右逢源、察言观色的性格特点和语言风格。

2. 教材在这个单元安排了一组人物的教学，其中一个意图是引导学生课外阅读经典的小说，拓展阅读面。因此，在本课的教学中，我安排了《三国演义》中"关羽温酒斩华雄"的片段让学生进行延伸阅读，使学生关注了另一个典型人物——关羽，并引导学生课外阅读四大名著。

3. 语文学习的最终目的是迁移运用。因此，在本课的教学中，我突出作者描写人物方法的引导，引导学生关注人物的语言、外貌描写、动作描写等人物描写的方法，让学生学会通过品味人物的语言、外貌、动作等方面去了解一个人的性格特征，并尝试在自己的习作中加以运用。

反思：这一课教下来，因为学生的不同，实验小学的学生在课外阅读、资料收集等方面明显优于睦岗小学的学生，因此，在教学的时候，我采取的侧重点有所不同：睦岗小学的课更多让学生关注人物描写的方法，实验小学的学生引导他们结合课外阅读和资料进行人物形象的感悟分析。但是，未能在此中找到两全其美的教学路径，值得今后进行探索。

12. 整组课文阅读指导

（人教版课标实验教材四年级下册第八组）

整节课的流程如下：

一、导入：我们以前是怎样学课文的？（学生回答）今天我们尝试整组课文的学习。齐读课题。

二、要读整组的课文，首先从单元导读入手，出示单元导读，问：你从导读中得到了什么信息？（生答）归纳三个学习任务：感受故事的魅力，体会其中的道理；学习复述故事；课外收集其他故事。提示学生还有一个信息：本组课文都是故事，有寓言故事、民间故事、神话故事。

三、以读书秘诀的形式出示学习锦囊一：课前先读知底细。出示表格1，主要内容是本组四篇课文的类型和读后感受到的道理，学生自己完成，写自己独有的感悟，老师巡视并提醒书写姿势。

学生分别汇报，老师相机问为什么有这样的感悟。

四、同法出示学习锦囊二：心中有数攻难点。出示各课的难点填空，以分组的形式讨论，各组长去组员处收集疑难并代表小组汇报，老师提出通过查资料、问家长老师、同学交流等形式解决问题。

五、同法出示学习锦囊三：慧眼识金学知识。出示表格2，主要内容是各课积累的词句和准备运用的知识，学生自行填写并随机汇报。

六、同法出示学习锦囊四：多读多想增见闻。给学生提了三点课外读书建议：同类文章比较读，同类文章扩展读，中外文章换着读。

七、学生回顾读一组课文的方法，老师相机板书：课前预习、发现难点、积累词句、拓展阅读。

八、总结下课。

课后反思：这一课的出发点是探究整组课文的阅读指导，我循着这样的思路进行：理清学习任务——梳理语文知识——引导课外阅读。这次上课基本呈现这个过程。另外，以定武林派别和掌门人的方式，自然出示学习方法，学生很喜欢，迅速拉近了我和学生的距离。当然，还有许多细节问题要留意。

引用一位老师给我的信来看看听课者是如何看待这节课的吧。

给杨老师的一封信

杨老师：

您好！我想和您说说心里话。师范毕业后，我一直在端州从教，听过您四节课，每次课的类型都不同，很有针对性。今天听完您上的《整组课文阅读指导课》，感触颇多，觉得您大气、大胆、勇敢、实在，是值得感谢的一个人，您是我们端州小学语文教师的福气！

大气：上课时沉稳、收放自如。

大胆、勇敢：每一次都身先士卒，大胆尝试不同课型，展示给我们看，很好地引领我们探索语文教学。

实在：您每次上的课实用性、操作性都很强，又能充分体现新课标精神。比如，今天的课在学生自主探究完成表格时，您注意提醒学生写字的姿势、写规范字，注意搜集资料、整理资料，注意小组合作探究，注意积累、运用、阅读，注重学习方法的指导等，这些都是学生终生受用的东西。

今天听完您的课，对我的课题《小学语文课前预习的研究》也有很大的帮助，我发正愁怎样才能更好呈现课题的成果，听完课后有一种"山重水复疑无路，柳暗花明又一村"的感觉，还有您的《整组课文阅读指导课》也给我"海量阅读"指明了方向。真的要谢谢您！

提两点建议：

1. "学习锦囊二"找每一课的难点，我觉得放在预习部分较好，课堂上首先让学生互相汇报、解决，学生解决不了，老师再帮忙，效果会更好。

2. "学习锦囊三"也可以放在课前预习，课堂上学生汇报就行，当然前提是要一线教师才行。"学习锦囊三"的表格，我觉得可以在"我的运用"的下一行增设"我的体会"或者"悟到的道理"。长此以往，把学习的主动权还给学生，相信他们以后学语文应该很轻松自在。

说得不对的地方，请多多包涵哦！

此致

敬礼！

梁某

2014年6月10日

案例⑩ 比赛团队组建造就小学语文名师群体

习近平总书记在阐述"一带一路"的理念时谈到一个观点："独行快，众行远。"可以概括出学习共同体的建设对教师群体成长的重要性。教研文化是一个文化领域，是教师、教师群体之间一种日常化的合作研究实践，有着极其深远的内涵。教学研究不仅是教师发展的重要途径，而且应当成为当代教师的一种职业生存方式。组建一个积极学习，具有发展自我、挑战自我的意识，彼此真诚合作，保持共生共长的观念与行动姿态的教师学习共同体，教师才能在不断的发展之路上达到一种空灵之境。从这个意义上讲，在学习共同体的熏陶中，当一个教师在同事的建议与帮助下不断提升专业水平与人格修养，当他因参与了别人的成长而感到欣慰时，其人生境界其实已经在无形中发生了变化，一种实现自我的成就感就会充满他的整个身心，让他向更高的目标进发，从而突破个人专业发展的瓶颈，成为学科名师。

例如，近十年我们端州区小学语文学科基本包揽了代表肇庆市参加省赛的人选，每次备战，都是一个团队在运作，团队的成员在参与同伴备课、备赛的过程中得到锻炼成长。这些年来，代表肇庆市参加广东省赛的有以下学校的老师：2008年，肇庆市第十五小学凌琳参加广东省第七届阅读教学比赛；2009年，肇庆市百花园小学张叶参加广东省首届素养比赛；2010年，肇庆市第十五小学连剑宇参加广东省第八届阅读教学比赛和第二届素养比赛；2013年，肇庆市第十五小学梁宝珠老师参加广东省第五届素养比赛；2014年，肇庆市第十六小学罗俏仪参加广东省首届小学语文教学观摩；2016年，肇庆市第十五小学陈碧灵参加广东省第二届小学语文教学观摩；2017年，肇庆市奥威斯实验小学郑旭珊参加广东省第七届素养比赛；2017年，肇庆市第十六小学刘宇彤参加广东省首届青年教师技能大赛；2018年，肇庆市奥威斯实验小学叶凤英参加第三届小学语文教学观摩活动。

以上老师参赛前，我们组建了学校的备课团队，还组建了端州区小学语文教研会的跨校备课团队。这些团队有曾经参赛的老师，有准备参赛的老师，有经验丰富的老教师。一场场的比赛，使整个团队成长起来，并保持了端州区小学语文可持续发展的优势。2016年职称改革之前，整个端州区小学有在职副高级教师15人，小学语文教师有10人。2016—2017年职称改革后评定，小学共评出副高级小学语文教师70人。端州区目前小学在职特级教师有5人，均为小学语文教师。端州区目前在职的名校长、名师、名班主任、学科带头人共147人，有39人是小学语文教师。这些名师都是参与比赛或辅导比赛成长起来的。

案例⑪ 专题式教研破解教学难题

"专题式教研"是这些年来端州区教学改革的一个亮点。所谓专题式教研，就是教研组的教研活动围绕一个确定的主题进行。这个研究主题的提出来自教学实践，源于教学中存在的问题。根据各校学生的实际，结合各学科在教学中存在的问题，以"代表性、首选性、小而专"为原则选择研究的专题，以科组为单位进行研究。2010年开始启动专题式教研活动。目前，端州区已形成专题式教研的基本模式：教研讨论——提出问题——梳理归纳——研讨方法——实践研讨——修正实践——反思分享（深化延伸）。

端州区通过"三动一课程"的途径，实施专题式教研，即专业领动——教研员到校围绕问题做微讲座；同伴互动——以课例研究为载体，围绕问题来学习；骨干挑动——骨干教师成立项目的讲师团，用老师身份教别人；校本课程，最终成为校本课程（国家课程怎样实施落实为有本校特色的课程体系）。

通过一个个专题研究活动，实实在在解决教学中存在的最迫切、最有代表性的问题，以达到研究的目的。这些专题式研究促进了各学校的课堂教学的改革和实践，为各校课堂教学改革增添了活力。

附：

端州区中小学"专题式教研"评价表

（试用）

学校科组

一级指标	权重	二级指标 评分标准	分值	评委评分	总分
专题的确立	30	1.代表性原则	10		
		2.首选性原则	10		
		3.小而专原则	10		

续 表

问题解决的效果	40	4. 能使问题得到解决，并取得成果（有效、可行的资料和措施方法）	10	
		5. 课堂教学效果	10	
		6. 科组教师课堂教学能力的提高	10	
		7. 学生作业、抽测成绩、学习习惯和学习方法的改变	10	
资料的积累	30	8. 总结（体现成果的）	15	
		9. 记录全过程的文字资料	7.5	
		10. 记录全过程的视频资料	7.5	
得分	100	100		

评委：＿＿＿＿＿＿

案例⑫　各校语文学科凝练教学模式或范式

教研理念可包括教研思想和教研观念两方面内容。具体可以指教师对学科教研的思想和观念的体现，也可以指结合学校办学理念融合学科的教研思想和观念的体现。

例如，肇庆市奥威斯实验小学紧紧抓住课堂教学的主渠道，通过提炼实施"阳光教育生态课堂三维六步教学范式"，进一步规范教师备课，优化教学过程，提高教学效果。学校经过两年多的实践，取得了可喜的成绩：课堂上呈现出师生互动、生生互动、共同发展的喜人局面。学习真正成为学生的兴趣所在，课堂成为教师展示生命价值的舞台。运用这个三维六步教学范式的各科课例，参加各级的课堂教学展示及比赛，均获好评。年轻的教师通过实施三维六步教学，迅速站稳了讲台，并且使学校教研规范有序，资源共享，走向科学性、可持续发展的轨道（见图1）。

肇庆市第十六小学的罗俏仪，倡导了语文阅读教学的"读、导、练、悟"教学模式，形成了沉稳大气的课堂教学风格。

肇庆市第七小学语文科构建了"以正启智，因势利导"语文识字课堂教学模式，即正导、正音、正形、正词、正写、正结、正业。

肇庆市第四小学构建了"读、演、唱、画、写"古诗课堂教学模式。

肇庆市端州区黄岗小学构建了中高年级"一课六批"的阅读教学模式。

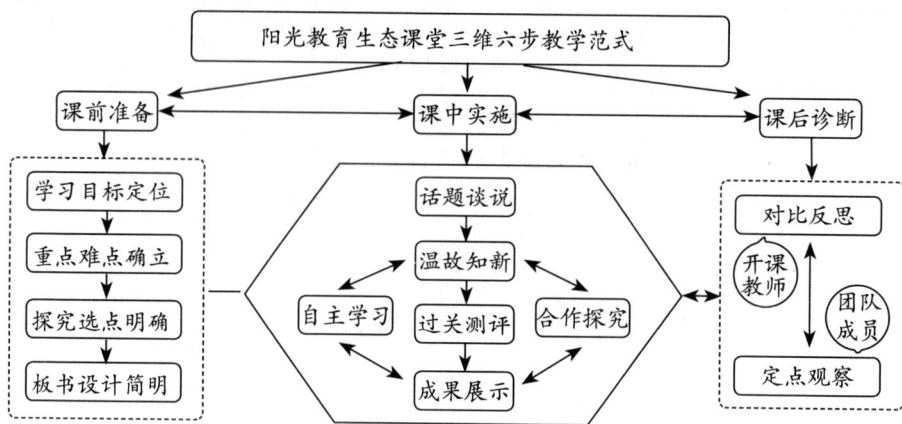

图1 示意图

肇庆市第十五小学构建了小学习作课堂"4步+3化"模式。

肇庆市实验小学构建了"学、导、练、拓"小学高年级阅读教学模式。

……

第四章
区域小学语文教研文化的基本功能

区域小学语文教研文化的形成和发展，使之具备了凝聚功能、导向功能、教化功能、激励功能、优化功能。推动区域小学语文教师形成良好的职业道德、普遍的职业认同感和幸福感，较好地提升了当地的小学语文教学质量。

一、区域小学语文教研文化的凝聚功能

小学语文教研文化以人为本，尊重人的感情，从而在小学语文教师队伍中形成了一种团结友爱、相互信任的和睦气氛，强化了团体意识，使教师之间形成强大的凝聚力和向心力。共同的价值观念形成了共同的目标和理想，小学语文教师把学校、科组看成一个命运共同体，把本职工作看成实现共同目标的重要组成部分，整个学校、科组步调一致，形成统一的整体。

我们可以从教研态度方面一窥区域小学语文教研文化的凝聚功能。所谓教研态度，包括参加教研的感受、情感、意向三方面。通俗地讲，就是教师是否积极参加教研活动，教研活动对其自身专业发展是否有用。这是小学语文教研文化缔造的深层次话题。

这些年来，通过访谈、问卷、典型个案追踪等方式，了解到教师对端州区小学语文教研活动开展有以下评价：

（1）能跟上先进地区的步伐，教研理念比较先进。

（2）教研活动形式多样，大多数人喜欢参加学校、片区、区的教研活动。

（3）多种学科竞赛为教师专业发展创设了平台。

（4）教研员、名师起到示范带头作用，让老师学有榜样。

（5）学校、地区之间的交流比较多，能学到新的知识、拓宽视野。

从具体表现来看，全区性的教研会议，出席人数最多的是小学语文教师；参加市级以上教研会议，代表发言或抢话筒发言的多数是端州区的小学语文教师；近五年，申报端州区级以上课题的有362个，小学语文教师申报的占98个；获得区级以上课题成果奖的共253个，小学语文教师申报的占63个。积极性非常高，取得了较明显的教研效果。

附 获奖研究报告两篇

立足实践，探索小学语文生活化的研究报告
肇庆市第十五小学凌琳、董丽琼

一、课题提出的背景

长期以来，我们的语文教学拘泥于课堂，将语文与生活割裂开来，津津乐道的是学生的分数，漠视的恰是学生对生活的感知。殊不知，生活是知识的海洋，生活中处处皆学问。如果语文教师都具备一双慧眼，能时常从生活中挖掘语文教学的资源，寻找生活与语文教学的结合点，让生活成为学生学习的教材，学生在语文学习过程中就不至于"像一个脱离现实的傀儡一样，从事学习；而在另一个世界里，他通过某种违背教育的活动来获得自我满足"（《学会生存》）。所以，教学生达到真正理解还不是语文教师最终的教学目的，学生能将所学运用于生活，尤其是创造性地运用，才是语文教师追求的目标，实践则是达到这一目标的基本途径。《语文课程标准》中指出："沟通课堂内外，充分利用学校、家庭和社区等教育资源，开展综合性学习活动，拓宽学生的学习空间，增加学生语文实践的机会。"针对语文教学的现状和领会新课标的精神，肇庆市第十五小学的凌琳老师和董丽琼老师确立了"立足实践，探索小学语文生活化的研究"这一课题，以各自新接的班为研究对象，以实践为凭借，引导学生在生活中学语文，在语文中生活。

二、课题研究方法

文献法、调查法、个案法、经验总结法。

三、课题研究的时间

分三个阶段：

（1）调查摸底阶段（2002.9—2004.7）：接触和了解《语文课程标准》，

认真解读语文课程的性质和基本理念；了解学生对教法的接受程度，为全面开展研究做准备。

（2）实验研究阶段（2004.9—2008.1）：以2002年9月入学的3班和2003年9月入学的3班为试验研究对象，立足实践，探索小学语文生活化的措施、途径，收集成果，总结推广好的经验做法。

（3）总结推广阶段（2008.1—2009.7）：这个阶段是把前几年的做法进行总结，并把相关经验推广。

四、本课题研究的创新特色

1. 经过几年的研究，两位老师发现立足于实践，可以拓展出多样的语文学习模式，开发出丰富的语文学习资源，真正实现语文教学与生活实践的和谐统一

传统的语文教学只注重知识的传授、技能的训练，教师很少站在学生生活的角度来审视教学活动，致使语文教学与学生生活脱节。郭元祥教授曾做过这样生动的描述："走进当今的中小学课堂，展现在人们面前的是这样一幅幅司空见惯的图景：背着沉重书包而做不尽习题的'他'，眉头紧锁而答不出满堂问题的'你'和被空洞的说教训练成能够高喊政治口号的'你'，学生的课堂生活成为戴着面具的痛苦表演，而不是真实生活的愉悦体验。"面对这种苦不堪言的现状，2002年，《语文课程标准》中明确指出："语文是实践性很强的课程，应着重培养学生的语文实践能力，而培养这种能力的主要途径也应是实践。"在两位老师7年的研究过程中，就曾结合教材中的综合实践活动，拓展出手绘本制作、名著导读、好书推荐会、名著配画、国学经典诵读、经典诗文手抄报、课外阅读、课本剧表演等深受学生喜爱的语文学习模式。两位老师还充分利用校内、校外、家庭中的资源，丰富语文学习的内涵，使语文学习生活化。

2. 以探索小学语文生活化的研究作为长期的研究方向，具有很强的实践性，其研究价值和推广价值都比较高

《义务教育语文课程标准》中明确提出："语文课程的目标是全面提高学生的语文综合素质。"体现"全面"与"综合"是新时期语文教育的一个新理念。语文综合素质是指能适应生活需要的、整合的、具有可持续发展前景的语文素养。要培养这种以促进人的发展为宗旨的综合素养，必须将语文教学与生活紧密相连，加强语文实践。两位老师的课题准确地抓住了"实践"这个关键

词，拓展语文的外延和内涵，就课题本身而言，实践性很强，其研究价值和推广价值也比较高。

3. 能给广大语文教师一个很好的示范作用

身在一线的广大语文教师，工作忙碌、烦琐，因而很多老师都不愿在教学中做新的尝试。两位老师的课题从端州区进行课改的那一年就开始研究，至今已7年了。7年时间，她们的课题研究经历了两届学生和家长的尝试，得到了他们普遍的认可。她们相信自己的课题研究解决了许多一线教师的教学困惑，会成为大家继续深入进行语文课改工作的成功范例。

五、课题研究的主要成果

（一）改变了学生获取语文知识的途径

传统的语文教学，学生获取语文知识的途径只局限于课堂老师所讲的内容，学生学起来，往往是被动的，其主体地位很难在课堂上体现。本课题的研究成果之一就是从根本上改变了学生获取语文知识的途径，将实践融入语文学习中，使学生意识到"生活即语文，语文即生活"。

1. 生活即语文

语文来源于生活，在生活中教语文、学语文，这是"大语文教学观"的需要。为更好地实现"大语文教学观"，两位老师引领学生走出课堂，走进生活，全面开发学校语文学习资源、家庭语文学习资源、社会语文学习资源，让学生多形式、多渠道、灵活开放地学习语文，从而改变了以往独立的、封闭的、机械的语文学习方式。

（1）学习资源校园化。校园生活是学生生活的重要舞台，这个舞台上发生的许多故事都可以引入学生的学习。两位教师在研究当中非常注意以主题式的校园活动为契机，为学生开发校园的语文学习资源。例如，学校组织了班际篮球赛，赛前组织、赛场观战、赛后总结成了老师与学生共同交流的平台，而这个过程就是非常好的语文学习资源，它充分调动了学生听、说、写、议的能力，从一项体育活动转化为一次语文的综合训练。又如，南方的3月，阴雨潮湿，教室的地面经常潮湿肮脏，老师、学生都感到压抑、烦躁。面对这些，老师组织学生谈谈自己的烦恼，这又是一次语文综合训练。类似的主题活动在这两个班经常有，两位老师就将这些主题活动都利用起来，变成了学生学习语文的资源（见表1）。学生在主题活动中既得到了快乐，又体验到了语文学习给生活带来的帮助和乐趣，真是一举两得。

表1　主题活动列表

主题活动名称	活动时间	语文应用	适用年级	学生喜欢程度
1. 校园广播认真听	每天下午2:25—2:35	认真听、学会复述	1～6年级	★★★★
2. 六一活动好精彩	六一前后	谈感受、写心得	1～6年级	★★★★★
3. 金色童年迎新年	元旦前后	谈感受、写心得	1～6年级	★★★★
4. 精彩篮球对对碰	活动课、体育课	听、说、写、议	3～6年级	★★★★
5. 异彩纷呈读书节	每年3—4月间	阅读、写作、创作	1～6年级	★★★★
6. 难忘小学生活	六年级下学期	听、说、写、练	6年级	★★★★
7. 我给母校提建议	六年级下学期	说、写	6年级	★★★★
8. 潮湿天气我做主	3—4月间	说、议、写	1～2年级	★★★★
9. 学习雷锋好榜样	每年3月	观察、写作	3～6年级	★★★★
10. 新学年新气象	每年9月	观察、说、写	1～6年级	★★★★
11. 爱心义卖会	每年两次	说、写	5～6年级	★★★★
12. 书香伴我成长	寒暑假	阅读、写作	1～6年级	★★★★★

（2）学习资源家庭化。家庭对儿童的学习影响是巨大的，因为家庭是儿童语文学习的第一场所，父母是孩子的启蒙老师。在家庭中广泛开展的亲子阅读活动，使学生获得了很多知识和能力，如识字、上网、查阅资料、制作手抄报、阅读等。来自家庭的学习资源丰富了学生的语文学习内涵。比如，获得2009年学校读书节"书香家庭"的六（3）班谭宇浩同学的家长这样说道："我们家藏了不少书，从漫画到小说，还有谜语、歇后语、科幻、神话故事、一千零一夜等。我最喜欢孩子看的书就是意林、人生故事、感动小学生的故事、励志故事、启发故事、爱的教育等。孙悟空可以上天入地，七十二变；诸葛亮可以呼风唤雨，神机妙算；水浒英雄可以大闹江湖，杀富济贫……孩子沉浸其中有时竟然到了'废寝忘食'的地步。"由此可见，学校与家庭的共同配合，能为孩子提供更多更丰富的语文学习资源，真正让学生感到"生活处处即语文"。

（3）学习资源社会化。《义务教育语文课程标准》指出："沟通课堂内外，充分利用学校、家庭和社区等教育资源，开展综合性学习活动，拓宽学生的学习空间，增加学生语文实践的机会。"社会是一道广阔的背景，更是学习语文的一片天地。在课题研究过程中，两位教师带领学生走出课堂、走向社会：参观图书馆，了解图书馆的运作、参加作家与小读者的见面会、参加公益劳动、参观砚村、了解社会上错别字的使用频率、"手拉手，献爱心"……在这些社会活动中，学生的多元智能得到了发展，听、说、读、写的能力得到了训练，全面、综合的素质得到了培养。

2.语文即生活

语文与生活是那样的密不可分。语文教材中的每一篇课文、每一个生字，都有来自生活的影子。学生学习语文就是把这些影子带到语文学习中，将语言文字还原成客观事物，从而获得主观感受。吕叔湘先生曾倡导："在教学中生动活泼地引导学生参与语文教学的全过程，有效地调动学生学习语文的积极性，让学生主动参与阅读教学、写作教学的全过程，让语文教学与社会生活衔接起来，引导学生积极参与课堂教学与课外活动的全过程。"对于这番话，两位老师理解为吕先生倡导的就是把学习语文当作一种生活模式。

（1）课堂教学生活化。

① 教师的角色转变让课堂教学有了生活味。

课程标准在"前言"部分指出："现代社会要求公民具备良好的人文素质和科学素养，具备创新精神、合作意识和开放的视野，具备包括阅读理解与表达在内的多方面的基本能力，以及运用现代技术搜集和处理信息的能力。"又明确指出："语文教育应该而且能够为造就现代社会所需要的一代新人发挥重要作用。"这就说明，以往过分注重内容分析，过多进行机械、重复的单项训练的语文教学，老师主宰课堂，"牵着学生走"的语文教学，孤立、封闭、凝固、僵化的语文教学，将逐渐淡出语文课程。它要求教师在教学中力求准确定位，由"教学的主宰"转为"合作学习中的首席"，重视营造良好的学习氛围，用转变自己的角色来促进学生学习方式的转变，让语文课堂充满生活味。

以凌老师执教的《自己的花是给别人看的》一课为例。从一开始，凌老师就将教学目标设定为：第一，认识3个生字，会写7个生字，正确读写"天性、宇宙、真切、脊梁、家家户户、莞尔一笑、花团锦簇、姹紫嫣红、应接不暇、耐人寻味"等词语。第二，有感情地朗读课文，背诵课文第三自然段，积累课文中的优美语言。第三，了解作者所介绍的德国风景与风俗特点，结合上下文与生活实际体会含义深刻的语句，从中受到启示与教育。这三个目标基本体现了知识技能、过程方法、情感态度与价值观的三个维度，符合年段的要求。但在三次教学中，因一个环节的改动，效果则截然不同。

为完成目标2，凌老师一开始的设计是让学生画出描写花儿美丽的语句之后展开想象练说：你都看到了哪些花？这些花是怎样的？这个问题提出以后，学生虽发言积极，但内容与形式比较单一，就算后来品读了几次，也未能在课堂上落实背诵积累的目标。而且，学生被老师牵着走的痕迹十分明显。第二次，凌老师将这个环节改为借助图片理解"花团锦簇、姹紫嫣红"，继而展开想象练说，接着有感情地朗读。由于有了图片的引领，学生的发言较前一次精彩了许多，朗读的效果也比之前好。但课后觉得借助图片理解词语的环节明显是降低了要求，有点儿目标不到位的感觉。究其原因是学生并未真正成为课堂的主体，仍有被老师牵着走的痕迹。第三次，凌老师将这个环节更改为由学生直接找出"花团锦簇、姹紫嫣红"这两个描写花多花美的词语，再通过近义词替换的方法反复诵读这组句子，接着让学生观看一组图片，听老师朗诵该段，最后将这段内容背诵出来。此次改动，老师的角色进行了彻底的改变，整个环节中，老师放弃了主宰权，转为学生"合作学习中的首席"，因而效果较前两次都好，一方面充分调动了学生的知识积累，一方面又切实地指导学生进行了运用，让课堂"生活味"十足。

② 多方互动让课堂充满生活味。两位老师在课题研究期间发现，立足于实践，语文课堂的气氛变得活跃起来，课堂上学生不再是一味地听，他们可以向老师质疑，可以向书本质疑；可以自行思考，也可以分组讨论；可以读书、写字，也可以画画；可以辩论，也可以聆听。凡此种种，都得益于课堂内的多方互动。在一系列语文活动中，有师生的讨论互动，有生生的讨论互动，这些互动贯穿于每节语文课，它拉近了师生间的距离，拉近了师生与作品的距离，拉近了学生与"语文"的距离，让学生觉得学习语文就像与长辈、朋友拉家常，感觉亲近了，使课堂充满了"生活味"。

③ 丰富的实践活动让作业充满生活味。两位老师分别在自己的教学班开展了丰富的实践活动，这些活动让学生的作业充满生活味。一年级、二年级是学生识字的黄金年级。为了更好地体现学生的自主识字，凌琳老师就曾在班上布置过这样的作业——做生字剪贴报。学生对于这样的作业非常喜欢，他们把自己认识的字都剪下来，粘贴在一张白纸上交给老师，有的按部首归类剪贴，有

的按声韵母归类剪贴，有的按功能剪贴。当所有的作业交到老师手上时，老师就多了许多认字识字的教学资源。于是，凌老师就利用这些资源组织学生每两周举行一次分组识字竞赛。像这样剪剪贴贴、认认比比的作业充满童趣，贴近学生的生活，深受学生的喜爱。具体作业内容见表2。

表2　贴近生活的作业

适用年级	作业内容	完成时间	受欢迎的理由	备注
1~6年级	阅读喜欢的书籍	每个周末	养成阅读习惯	已在校内推广
1~2年级	制作识字剪贴报	周末	可以动手剪剪贴贴	已在校内推广
3年级	家乡特产我知道	周末	这是一个全家总动员的活动	
3年级	制作成长纪念小报	两周时间	语文作业就像美术作业一样好玩	
4年级	童话接龙	一个月	发挥自己的创意展示自己的文笔	已在校内推广
5年级	了解汉字的起源	一个月	了解汉字文化，增强民族自豪感	
5年级	了解姓氏的起源	两周时间	有趣，知识丰富	已在校内推广
5年级	了解书店的分类摆设，学会借阅图书	两周时间	作业走进了书店和图书馆	已在校内推广
5年级	制作诗文手抄报	两个周末	语文作业就像美术作业一样好玩	已在校内推广
6年级	制作诗集	一个月	学会合作与分享	
6年级	制作成长纪念册	一个月	把自己的一页留给母校、老师	已在校内推广

④ 多元的评价方式让语文充满生活味。在语文教学中渗透学生的生活，使语文教学返璞归真，让语文教学回归生活是两位老师一直努力的方向。新课程力求建立全面的、发展的、开放的评价体系。课题研究开展以来，两位老师将原本单一的评价方式调整为老师、学生、家长共同参与的多元评价方式。以中高年级的习作评讲为例，两位老师的习作评讲分三步走：第一步，好作文与家长分享。由家长担任学生习作的第一读者，真诚地给孩子提出恳切的意见。比如，有位同学在《妈妈，我想对你说》一文中陈述了自己已经长大的事实，并对妈妈提出了许多意见，希望今后不再与妈妈发生争执。其家长阅读后在文章

后面写道："小轩，你的作文很真实，妈妈从没想到自己有那么不可理喻，今后，我会注意的，但你以后也要注意自己的态度，行吗？另外，妈妈觉得文章里的错别字还比较多，请你注意修改。"从家长的评语中可以看到这位家长不但给予了孩子作品肯定的评价，而且给孩子提出了修改意见，同时，又与孩子进行了真诚的对话。这种来自家长层面的评价使学生获得了学习的动力。第二步是小组分享，写下意见。比如，四年级的一篇写家乡见闻的习作，有个同学写的是《骑猪》，他们小组在阅读文章后写下了这样的评语：A生说我很喜欢这篇习作，你把骑猪的经过写得很具体，很有趣，很吸引人，继续加油！B生说骑猪真的这么好玩吗？有机会的话我也想试一试。C生说看不出你还有这本事！但我最喜欢的还是里面用到的成语。来自学生的评价充满童真，使学生很有成就感。第三步是由老师批改，并当众点评。"老师没想到你的想象力这么丰富""继续努力，你会成为一名作家的""你的文章真感人，可惜书写不够工整"这样的评价语深受学生喜欢。两位老师还经常在家长会上宣读学生的习作，给学生更多的认可。这么多元的评价使学生觉得语文学习离不开生活。

（二）关注了学生的可持续发展

《义务教育语文课程标准》提出了"综合性学习"的要求，以加强语文与其他课程、与生活的联系，促进学生语文素养的整体推进和协调发展。而语文素养是指能适应生活需要的、整合的、具有可持续发展前景的综合素养。开展课题研究以来，两位老师的人才观、学生观、发展观发生了很大的变化，在教学中更关注的是学生的可持续发展。

1.培养学生养成了良好的阅读习惯

学生的可持续发展与其养成良好的阅读习惯有很大关系。两位老师从接手新班以来就十分关注学生阅读习惯的养成：一、二年级的午间阅读、故事会；三、四年级的经典阅读与好书推介；五、六年级的读书与创作等，还有周末读书记录、假期读书活动等，都帮助学生养成了良好的阅读习惯。以表3为例，在暑假期间，这个班的学生共阅读书籍587本，平均每人读了9.5本书，写下的读书笔记共156篇。其中有1/3的书籍是由学生自由选择的，2/3的书籍是老师推荐的，有一部分学生利用了公共图书馆和网络资源。学生养成良好的阅读习惯对其语文学习帮助很大。有了良好的阅读习惯，这两个班的学生自学能力较强，学习兴趣浓厚，语文学习成绩也一直高于年级平均分（见表4）。而在近4年参加端州区"4.23"征文和读书卡设计比赛中都有学生获奖（见表5）。

表3 2007年暑假学生阅读情况调查

调查对象：凌老师任教班级（四年级升五年级）

参与人数：62人

书籍分类	本数	最受欢迎的书籍	是否老师推荐	书籍来源
漫画类	225本	《卡通世界》	否	购买的占50% 借阅的占50%
名著类	105本	《三国演义》 《窗边的小豆豆》 《小王子》	是	购买的80% 借阅的20%
期刊类	159本	《读者》 《意林》 《格言》 《故事会》	是 是 否 否	购买的85% 借阅的15%
童话类	50本	《安徒生童话》	是	购买的60% 借阅的40%
作文类	48本	《小学生优秀作文》	否	购买的90% 借阅的10%

表4 研究对象的语文成绩与年级语文成绩对比统计表

年级	董老师任教班级成绩	年级成绩统计	凌老师任教班级成绩	年级成绩统计
一年级	96.5	94.3	95.3	93
二年级	92.5	90	92.4	90.5
三年级	90.6	89.4	92.5	90.3
四年级	89.8	87.2	88.8	86.3
五年级	88.7	85.3	87.5	86.3
六年级	88.6	84.3	87.6	86.1

表5 2006—2009年参加端州区"4、23"征文和读书卡设计比赛获奖情况一览表

时间	学校选送作品数	全校获奖人数	实验班级获奖人数
2006年	20份	9人	4人
2007年	20份	9人	2人
2008年	20份	8人	3人
2009年	20份	9人	1人

2. 学生形成了较强的动手能力

动手实践是获取真知的基本途径，让学生拥有较强的动手能力，对于开发学生智力，使学生保持可持续发展很有用。套用某所学校提出的理念就是"教学六年，辐射六十年"。7年的研究中，由于有不断的动手操作活动，两个班的学生形成了较强的动手能力，在每次的综合性学习活动中，两个班学生的参与度都明显高于其他班，作品质量也明显优秀于其他班。他们的作品中有的是亲手绘制的，有的是电脑制作的，形式多样，精彩纷呈。

3. 培养了一批拔尖的、有特长的学生

有了良好的阅读习惯，有了较强的动手能力，学生学习语文就不会觉得费时和枯燥无味。相反，他们在轻松完成作业之后有了比较多的时间来做自己喜欢的事情，并取得了一定的成绩。比如，陈旭纬、陈奕聪、冯紫珊等精于书法，曾多次在省、市、区的书法比赛中获奖；万泉、彭乐乐等擅长写作，有多篇文章在报刊、杂志上发表；温曼琪、周文璇、陆柔柔、王煌坤等擅长绘画与创作，在学校首届手绘本比赛中获奖；鲁兆铭、陈子东、王俊业、夏建邦等精于电脑操作，与老师共同创办了师生网络交流平台……这部分有特长的学生都是班级里的佼佼者，其中，彭乐乐同学还获得了2007年广东省"优秀少先队员"称号。

（三）教师也在研究中成长

参与课题研究7年，从一开始摸着石头搞课改到后来形成一套行之有效的做法，从对课改只有表面的认识到后来能够比较深入地分析课改的存在现象，两位老师可谓经历了"蜕变"。如今，两位老师都由学校的普通教师成长为学校语文科组的带头人，甚至是市、区的名教师。随着对课题的深入研究，两位老师在语文教学方面有了新的认识，她们将自己的认识总结成文，成了优秀的论文和课例。比如，2003年，董老师带领5名青年教师认真钻研教材，编写了《棉花姑娘》一课的教学设计，被刊载于《语文课程标准导读与小学案例评价》（杨鼎夫主编）一书上。凌琳老师认真钻研新教材、新教法，先后就课堂教学的开放与对话、讲与不讲的关系、有效教学等几个热点话题撰写了高质量的论文。

六、课题展望

该研究虽已取得了一些成效，但两位老师的研究还只是停留在较为浅显的层次，今后两位老师将向以下三方面深入研究：

（1）关注幼儿园与小学一年级在语文生活化方面的衔接问题。

（2）关注六年级与七年级在语文生活化方面的衔接问题。

（3）关注语文生活化对其他学科的影响。

两位老师希望通过研究探讨、摸索出"在生活中学语文，在语文中生活"的小学语文生活化教学模式，并加以推广，影响更多的语文教师。

【参考文献】

［1］教育部基础司，语文课程标准研制组.语文课程标准解读编写［M］.武汉：湖北教育出版社，2002.

［2］中华人民共和国教育部.义务教育语文课程标准（实验稿）［M］.北京：北京师范大学出版社，2007.

2009年7月

（该课题成果获得肇庆市第二届基础教育科研成果三等奖）

小学语文考试实现从知识取向到能力取向转变的研究实验报告

肇庆市端城小学　凌琳　王宇红

一、课题提出的背景

《义务教育语文课程标准》指出："语文课程评价的目的不仅是为了考查学生达到学习目标的程度，更是为了检验和改进学生的语文学习和教师的教学，改善课程设计，完善教学过程，从而有效地促进学生的发展。"考试是教学中一个严肃而重要的环节，对语文教学改革发挥着导向性的作用。没有科学的考试，科学的教育教学观就不可能普及，语文教改就难以向纵深发展。当前语文考试的研究已远远落后于语文课程改革的发展步伐，对语文教学的发展产生了严重影响。我们一线语文教师不怕考试，但怕瞎考试；不怕失败，但怕折腾；不怕落后，就怕被落后、错误的观念愚弄。小学语文试卷应该与贯彻新课标精神相接轨。一份成功的试卷对教师的教和学生的学都会起积极的指导作用。作为考试的一种重要载体——试卷的变革也越来越倍受人们关注。实践证明，好的试卷学生不是怕考，而是想考；好的试卷不是测出"高分低能"，而是测出

"高分高能"；好的试卷可以让语文教师们从让学生"死背课本、死啃教材"的"八股式"学习中走出来，腾出更多的时间和空间，让学生广泛接触生活、自然、社会，扩大自己的阅读量，从实践中学习知识和技能。因此，新课程理念下的小学语文考试命题应立足学生的全面发展，淡化考试的甄别和选拔功能，充分发挥考试的导向功能和激励功能，实现从知识取向到能力取向转变，更好地为语文教学改革服务。总之，新课程背景下的试卷不应是单一枯燥的文本，而应是充满情趣的多元复合体。试卷是一种载体，教师要借助试卷，激发学生主动探究、积极体验，培养学生可持续发展的学习能力；试卷同样也是一种经历，是学生自我建构知识与提升人生意义的经历，是一种积累大量愉快而幸福的情感体验。

根据课题提出的背景，我们通过本课题研究，要着重解决以下四个方面的问题：

（1）如何在试题上体现从知识取向到能力取向的转变？

（2）如何在测试中减轻学生的压力？

（3）如何让一份试卷满足不同层次学生的需求？

（4）通过本实验研究，如何促进教师专业能力的不断发展？

二、课题研究方法

（1）教育观察法。在理论指导下，对学生、教师进行直接观察和间接观察，并进行归类分析。

（2）教育调查法。通过对学生试卷的分析、汇总、归纳结论进行研究。

（3）经验总结法。对各学段课程衔接和学段内课程整合进行研究。

（4）个案研究法。从正反两方面的人物和事例中进行个案分析研究。

（5）行动研究法。

三、课题研究的时间

第一阶段：研究准备阶段（2011年6—8月），做好前期准备工作，进行必要的前测和理论准备，制定并论证研究方案，申请立项、开题。

第二阶段：研究实施阶段（2011年9月—2012年6月），课题组按计划实施课题研究，整理和分析资料。课题研究人员每学期开展好双语化活动，完成课题研究阶段总结，撰写活动方案、典型案例等。

第三阶段：成果总结阶段（2012年7—9月），做好研究资料的收集、整理工作，完成课题研究的结题报告，形成系统研究成果专辑，接受专家鉴定，推广成果。

四、本课题研究的实践意义和理论价值

（一）课题研究的实践意义

考试，是教学的重要环节，是检验教学成果的一个重要标尺。本课题的研究，立足于努力发挥语文测试的作用，在试题中全面考查学生的语文素养，检验和改进学生的语文学习和教师的教学，激发学生主动探究、积极体验，培养学生可持续发展的学习能力。并在课程改革的背景下，以课标精神为准绳，探索语文考试命题新思路，让考试评价更好地促进教师教学方式的转变，提高教师的专业水平；更好地促进学生学习方式的改变，推动学生的持续发展。

（二）课题研究的理论价值

考试在当代学校教育中具有特定的意义和价值。一方面，作为学生反馈学习状态、教师调控教学过程和学校监控教育质量手段的考试，有着评价的功能；另一方面，它又具有为高一级学校和社会筛选与鉴定适用人才的选拔功能。就这两种功能而言，评价功能与小学教育的性质、任务有较强的一致性，而选拔功能的表现性较差。这是因为在义务教育阶段，尤其是小学教育阶段，由于学生可以全部升入高一级的学校，而无须通过考试来进行选拔，因而小学考试应作为评价的工具，发挥着反馈、诊断、激励和帮助等功能，起着促教促学的作用。

五、课题研究的主要成果

（一）实现了教师角色的转变

肇庆市端城小学是一所百年老校，前身是一所农村学校，后在政府的关心支持下重建，并转为公办小学，2006年正式更名为"肇庆市端城小学"，是一所城乡接合部的面上学校。学校现有语文教师34人，平均年龄37.8岁。这个年龄段的老师，普遍具有比较丰富的教育教学经验，是家庭的主力军，家庭负担比较重；这个年龄段的老师在工作中往往依赖自己的经验，跟着经验走，不轻易接受改变，惰性比较大，职业倦怠感比较明显，最缺乏的就是自主发展的需求（见表1）。

表1　课题实验之前语文教师的现状分析（2011年）

语文教师年龄分布	人数	教师发展的自主需求			
		主动撰写论文	积极承担公开课	主动给予同伴帮助	主动申请参加培训
45岁以上	3	0	0	0	0
40～44岁	6	0	0	0	0
30～39岁	20	20%	20%	20%	15%
20～29岁	3	70%	70%	0	0

"惰性"人人皆有。田保华在《教师文化：从惰性走向积极》一文中将"惰性"分为两种：一种是主观上的，另一种是客观上的。相比之下，端小的教师群体客观上的"惰性"占主导。这种惰性导致课题开展初期，课题组提出让老师们每人负责1～2个单元的检测卷，大家是怨声载道。经过收集整理，老师们的意见集中在以下三点：一是嫌麻烦。大部分老师觉得学校一直以来都有统一征订的测验卷，为什么要多此一举？二是觉得增加了老师的工作负担（30岁以上有家庭的老师居多）。三是担心其他老师不认同自己出的题目（年轻老师为主）。因此，在课题研究初期，大多数老师是带着抵触的情绪编制试卷的，有的老师直接用扫描仪扫描以前的试卷存档；有的老师直接从网上下载试卷，不经排版和校对，以至于有个别年级的试卷印发下去根本就无法做，导致了纸张的浪费；有的老师将网上的试卷加以综合，但没有认真对照教材的内容和年段的知识点，以至于经常出现试题超标，导致学生越学越怕学（见表2）。

表2　语文科组单元试卷制卷效果归总（2011年12月）

年级	试卷数目	题型分布	难易程度	版面安排	学生认可度	总体评价
一年级	7份	偏重于拼音知识	难易适中	一般	一般	B
二年级	8份	偏重词语练习	脱离教材偏难	差	不接受	C
三年级	8份	题型比较全面	难易适中	较好	一般	A
四年级	8份	偏重于书本知识的积累	难易适中	一般	一般	B
五年级	8份	偏重于阅读题	偏难	太密	一般	B
六年级	8份	题型比较全面	难易适中	太密	一般	B

经过一个学期的实践，课题组发现，其实主观的惰性只集中于某些老师身上，大部分老师是因为"经验的缺乏或缺少适时的指导，在教学中没有方向，不知从何做起，不知怎样做才合适，害怕处于教学受挫的状态，体验不到教学的成功与快乐"而产生的惰性。面对这种情况，课题组成员在第二学期深入各备课小组，与老师们一起学习课标，一起进行单元解读，切切实实地给予老师指导。在这个过程中，很多老师逐渐发现原来自己不但可以是教材的实践者，还可以是教材的研究者。而且，老师们发现，其实编制试卷有利于自己更深入地解读教材，有利于自己掌握课标中对各年段知识点的要求，有利于自己更准确地为学生的语文学习情况把脉。于是，在第二个学期，老师们编制的试卷比前一学期有了很大进步（见表3）。

表3 语文科组单元试卷制卷效果归总（2012年6月）

年级	试卷数目	题型分布	难易程度	版面安排	学生认可度	总体评价
一年级	8份	兼顾课本知识的同时能侧重词语运用	难易适中	较好	一般	A
二年级	8份	偏重书本内容	适中	较好	一般	B
三年级	8份	题型比较全面侧重于知识的运用	难易适中	较好	比较满意	A
四年级	8份	兼顾课本知识的同时能侧重句子的考查	难易适中	密度较大	一般	B
五年级	8份	兼顾课本知识的同时能侧重阅读能力的考查	适中	适中	一般	B
六年级	6份	题型比较全面，侧重于生活作文的考查	难易适中	太密	一般	B

通过前后两个学期的效果对比，我们发现第二学期编印的试卷更贴近学生学习的实际，也更能体现教师对教材安排的理解和对学段知识点分布的准确掌握。

稍后的一年，这套测验卷经过各年级组老师的调整、校对，在知识点分布、题型涵盖、题量控制、版面安排等方面越来越能体现校本特色。在2012年和2013年，端州区全面取消非抽测年级的统一试卷后，我们安排各年级的备课组长命期末题，也取得了学生、家长和老师的认可。

在课题研究过程中，课题负责人凌琳老师、王宇红老师及课题组第一研究者祝颖老师还分别结合自己在课题研究中的感受撰写了高质量的论文，凌琳老师侧重于研究阅读测评的改变，王宇红老师关注的是试卷命题的人性化，祝颖老师关注的是语文考试如何从知识取向到能力取向的转变。这三位老师的论文分别获得2012年区小语年会论文一、二等奖，并入选该年度的年会论文集。凌琳老师撰写的论文《从阅读测评的改革反思小学语文的十年课改》还获得了广东省论文评比优秀奖，王宇红老师的论文《让人性化的试卷"乐开花"》发表于2012年第9期的《现代阅读（教育版）》，还获得了"小学毕业开始于命题评析竞赛"优秀奖。由于在课题实践中有所收获和感悟，课题主持人凌琳老师、王宇红老师与课题组成员麦少梅老师参加了2012年9月省教育厅主办的信息化展演活动，与来自广州市越秀区培正小学的老师及云浮市的小语老师一起通过网络视频进行了一次异地同步教学研讨活动，研讨主题就是如何编制一份合理的小学语文试卷。

课题开展三年来，得益于教师角色的转变，我校语文教师对课标精神和年段要求领悟得比较透彻。因此，在本课题开展的三年里，我校语文教师参加端州区小学语文教师素养大赛一共获得一个市级特等奖和五个区级特等奖，以及两个区级二等奖和一个区级三等奖（见表4）。随着对课标理念的深入理解，老师们也越来越多地主动申请外出学习和听课，据统计，课题开展三年以来，老师们自主申请外出学习听课的共有43人次（见表5）。

表4　2011—2013年语文教师参加素养大赛获奖情况

参赛教师	参赛时间	参赛地点	获得奖项	获奖级别
麦少梅	2012.3	四小	特等奖	区级
麦少梅	2012.11	百花小	特等奖	区级
陈伟嫦	2012.11	百花小	特等奖	区级
麦少梅	2012.12	四小	特等奖	市级
何晓芝	2013.12	七小	特等奖	区级
钟海容	2013.12	七小	特等奖	区级
梁敏嫦	2013.12	七小	二等奖	区级
曾钰然	2013.12	七小	二等奖	区级
顾建明	2013.12	七小	三等奖	区级

表5 2011—2013年语文教师外出培训汇总表

学习项目	时间	地点	人数
肇庆市小语教研活动	2011.10	大旺中心小学	1人
广佛肇作文教学观摩	2012.4	佛山	2人
市级小语教研活动	2012.6	鼎湖逸夫小学	4人
广东省第十届阅读课大赛观摩	2012.5	广州	2人
全国第十届阅读课大赛观摩	2012.10	厦门	1人
现代与经典小语名师经典课观摩	2012.12	东莞	1人
名师送教观摩活动	2013.4	端州	15人
广东省小语教师素养大赛	2013.5	广州	4人
两岸四地小语教学交流观摩活动	2013.12	深圳	4人
市级小语教研活动	2013.12	大旺实验小学	1人
肇庆市首届语文教学大赛观摩	2014.4	广宁南街一小	2人
现代与经典小语名师经典课观摩	2014.5	中山	4人
广东省首届语文教学大赛观摩	2014.5	广州	2人

"小学语文考试实现从知识取向到能力取向转变"是本课题研究的专题，但在此过程中，教师角色的转变是我们意想不到的收获。经历三年的实践研究，端城小学的语文教师除了是学生学习的组织者、引导者，更是实现了反思性实践者、课程开发者、研究者的角色转换。诚如十八大精神中的描述："作为教育工作者，就要在'教育优先发展'战略指引下，开拓创新，拼搏进取，积极构建高效课堂，促进教育公平，培养优秀人才，为国家经济社会发展提供人才支撑和保障；就要遵循学生身心发展规律，从学生的实际出发，以学生为本，了解学生，研究学生，尊重学生，服务学生。"

（二）丰富了语文学科的测评方式

从课题立项开始，课题组的老师就在考虑语文测评方式的多样化。在收集资料、查阅档案的过程中，我们受温州某小学语文测评方案的启发，拟定了本校语文测评方案，主要包括评价原则、评价目的和评价方法三部分。

评价的原则包括以尊重学生的个体差异，从学生实际出发进行针对性的评价，促进学生个体自主发展的以人为本的原则；关注学生语文综合素养发展的发展性原则，以及多元化评价原则和符合语文教育规律的原则。

评价目的主要体现在：重平时考查，重能力培养，重素养的提高。

评价的方法包括：笔试＋口试；等级＋评语；多元评价等。我们的特色测评包括拼音口试、写字竞赛、手抄报比赛、征文比赛、课外阅读竞赛等，这些测评面向的都是全体学生。

例如，每年的11月，我们都安排一年级拼音知识口试，主要检查学生的拼音字母的认读能力和字词句子的拼读能力，督促学生和家长为今后的识字、学文做好充分的准备。我们采用单对单的测评模式，由每年来校实习的实习生承担这项测评任务。由于学生面对的是充满青春活力的大哥哥、大姐姐，测试的心理压力自然减轻了不少。在这些大哥哥、大姐姐耐心的诱导下，很多拼音知识不太过关的学生都能完成此项测评。

又如，我们每年5月和9月开展的写字评价，以竞赛的形式，组织全校学生参加，既面向了全体，又注重了写字特长生的选拔和培养。2012年、2013年，我校有两名同学获得了广东省规范字书写大赛一等奖。

再如，每年4月的"读书月"，我们都开展征文比赛、手抄报设计、读书卡设计和课外阅读竞赛等有趣的评价活动。老师通过这些丰富的活动改变了一成不变的书面考试方式，从听说读写多角度考查了学生语文学习的能力和程度。有部分老师还创新了评价的体系，从听课、作业等方面全面考量学生的语文学习水平。而学生在这个过程中体验到了语文学习的快乐，明确了语文学习不仅仅是机械而僵化，只有读读背背、抄抄写写，还可以是轻松、谐趣、有意思的；知道了生活中处处是语文，处处可以学语文。

（三）改变了学生对语文学习的看法

课题组成员祝颖老师曾研究过当前小学语文学科教学评价的形式，她发现当前的评价形式主要是期中、期末考试及大量单元考试评价，应试成了课堂教学的重要项目和中心环节，甚至成了教学的目的，教学评价存在五重五轻的弊端，即重知识，轻能力；重课内，轻课外；重结果，轻过程；重甄别，轻发展；重师评，轻生评。其结果直接导致了教师运用老观念、老方法使用新教材，围着考试进行教学的怪现象，以及学生只重结果，不注重科学探究的过程，限制了学生解决问题的灵活性和创造性，考试评价起不到激励功能。

开展本课题以来，我们着重进行了评价方式的变革，力图让测评的过程成为学生又一次语言实践的过程。在基础知识部分，我们将考查的重点从机械化的读读背背转移到能力的运用方面。例如，对成语的考查，我们改变了以往默写、填空的方式，更改为找错别字、找读音正确的、成语接龙等形式，使考查的内容极富趣味和挑战，从而激发了学生的兴趣，考查了学生运用知识的能力。

又如，对语文积累的考查，以往的命题通常是默写，学生往往要通过反复的背诵、抄写、默写才能巩固这些知识。在我们的研究中，老师们将这一死板的题型更改为判断题、选择题、连线题等形式，一方面降低学生答题的难度，一方面增加题目的趣味性，以此来促进学生积极主动地进行语言积累，养成自觉积累的习惯。

再如，对阅读的考查，我们重在考查学生的探究能力。以我校2012年三年级上册第五单元的测验卷命的一道阅读题为例：

A. 认真阅读《赵州桥》片段，回答问题。（10分）

赵州桥非常雄伟。桥长五十多米，有九米多宽，中间行车马，两旁走人。这么长的桥，全部用石头砌成，下面没有桥墩，只有一个拱形的大桥洞，héngkuà（　　）在三十七米多宽的河面上。大桥洞顶上的左右两边，还各有两个拱形的小桥洞。平时，河水从大桥洞流过，发大水的时候，河水还可以从四个小桥洞流过。这种shèjì（　　），在建桥史上是一个chuàngjǔ（　　），既减轻了流水对桥身的冲击力，使桥不容易被大水冲毁，又减轻了桥身的重量，节省了石料。

1. 根据拼音，在（　　）里写词语。（3分）

2. 这段话是围绕哪句话写的？请用"——"画出来。（2分）

3. 这种设计是指怎样的设计？这样的设计好在哪里？请分别用"——"和"——"在文中画出来。（2分）

4. "拱形"中的"拱"的意思是（　　）。（1分）

A. 拱手　　B. 肩膀向上耸　　C. 向外钻或顶

D. 建筑物上呈（chéng）弧（hú）形的结构，大多中间高两侧低。

5. 我想夸夸赵州桥：

_____（2分）

对于三年级的学生，出题者主要想考查以下几方面：1.对生字词的掌握（题1和题4）；2.对文章主要内容的把握（题2）；3.联系上下文理解词语句子的能力（题3）；4.对感兴趣的事物有自己的感受和想法，并乐于与人交流的能力（题5）。

这个片段在以往也经常出，在题型上出题者做了改动。以第2题为例，以往的考题以问答形式为主：这段话主要写了什么？学生在读完以后，就要尝试用自己的语言进行概括，完成答题，在评卷过程中，受制于答案的唯一化，很多学生未必能得满分。但出题者把它改为"这段话是围绕哪句话写的？请用'──'画出来"后，一方面降低了题目的难度，一方面又体现了年段的训练重点：学习略读，粗知文章大意。

又如题4，以往的题目往往是给条横线，让学生用文字进行解释。但我们的学生对词语的理解往往是只可意会不可言传，因为他们在短时间内想不到用准确的词语进行解释，因此，在课改前，我们的学生非常怕做这类题，既要组织文字，又不一定得满分，有点吃力不讨好的感觉。当出题者把题目换成选择题的时候，学生的感觉就好多了，他们可以根据自己的理解，从几个选项中进行筛选。这样一来，既增强了试题的操作性，又减轻了学生测评的心理压力。

从这一道阅读题的题型和分值分布来看，它折射出课改中阅读教学评价观念的转变：在关注学生的学业成绩的基础上，侧重于发现和发展学生多方面的潜能，了解学生发展中的需求，帮助学生认识自我，建立自信，促进学生在原有水平上的发展。

课题主持人之一的王宇红老师在研究中着重研究了如何在测评试卷上体现"人性"关怀。她认为巧妙的命题和灵活的内容都能让学生从测评中体验到快乐，她觉得这种"人性"关怀可以体现在几个方面：让多元智力理论给学生增加信心，让合理设计的试题给学生公正评价，让活泼多样的题目给学生赏心悦目，让生动有趣的内容给学生寓"考"于乐。

课题组成员除了注重考查内容和考查形式上的改变外，还尝试改变了考查的密度。以往，我们习惯于一单元一测，一册书有八个单元，这个学期就至少有八次测验。这样的密度，学生觉得紧张，老师也觉得工作量大，但毕竟实行了许多年。所以，当我们在三年级刚开始实行双单元一测的时候，很多学生都问老师，为什么不测验？什么时候测验啊？家长们也按捺不住，不断追问老师测验的准确时间。这说明我们一直以来向学生灌输的都是学了就要测验，测验是检验学生知识掌握的唯一途径。当我们实践了一个学期以后，学生和家长又觉得这样挺好。我们有位三年级的老师，她的孩子在其他学校就读三年级，她就把两校的测评次数和测评题型、测评用时及优缺点进行了细致的比较（见表6）。

表6　两所学校三年级测评模式的比较（2014.4）

	孩子所在学校	端城小学	对比结果
检测时间	双周星期五必测	不固定，3～4星期一次	孩子所在学校的做法是两周检测一次，全册书有八个单元，加上期中检测，一共有九次检测。现在当教师，除了完成日常的教学活动外，还有许多烦琐的工作要做，这样会加重老师的负担，加大学生的压力；而端小3～4周才检测一次，没进行期中检测，一共只有四次检测，老师的负担减轻了，学生的压力也减少了。我也曾问过我的学生，他们都说："考四次比考八次舒服多了。"
检测范围	一个单元	两个单元	孩子所在学校一单元检测一次，学生对知识的遗忘律较小，因而得分较高；而端小两单元检测一次，因间隔时间过长，学生经常对前一单元的知识遗忘，因而失分不少。
检测版式	十六开双面	八开双面	孩子所在学校采用十六开双面印刷，检测的内容相对较少，可能会造成检测的内容不够全面；而端小用的是八开双面印刷，题量会多些，检测的内容也会全面些
内容难易程度	适中，偏重考课内知识，但也会适当拓展，考一些课外知识	适中，偏重考课内知识	虽然两所学校都比较适中，也偏重于课内知识，但孩子所在学校会适当拓展，考一些课外知识，拉开尖子生的距离。这受学校的生源及家长对孩子学习的重视程度影响。我们端小地处城乡接合部，学生和家长的素质都不算高，考太难的题容易挫伤学生对学习的积极性。但也存在一个弊端：学生接触的题型过少，遇到统考会很吃亏
评价方式	分数与等级制	等级制	孩子所在学校采用分数和等级评定相结合，就是说试卷上面既有分数也有等级；而端小试卷上面是看不到分数的，只能看到等级。学生们对分数是挺紧张的，因为考得不好可能会被同学笑、被家长批评，特别是对那些成绩差的同学。所以在试卷上显示分数，太直观了。而用等级制，只知道成绩的范围，不知道具体的成绩，这样容易保护学生的自尊心不受伤害。但对那些成绩好的同学也有一个弊端：等级制的成绩只在一个范围内，考90分与考100分都属于A，对于成绩拔尖的学生不算公平

续　表

	孩子所在学校	端城小学	对比结果
检测时所用时间	40分钟完成基础题，作文回家写	80分钟	从检测时所用时间来看，孩子所在学校为了节省时间，前面的基础知识和阅读部分在课堂内解决，而作文留到回家后完成，这样很难控制学生写作的速度，而且作文的内容也有"水分"；我们端小按三年级考试时间80分钟这个标准让学生在课堂内完成，这与正式考试的情景是一样的，容易培养学生的考试纪律和时间紧迫感，能提高学生的书写速度

最终，她得出的结论是"综观两所学校在检测方面的不同做法，各有长处和短处，要根据学生的实际情况进行调整，但还是要以'减负'作为目标。我还是比较同意端小的做法。至于学生对知识掌握不牢固这个问题。我们可以在平时的教学中让学生适当地积累，巩固已学过的知识，也要适当拓展一些题目，相信问题会迎刃而解的"。

三年的实践研究中，我们通过具体的案例，通过学校之间的比较，通过教师自身的感受，多次印证了好的试卷学生是不怕考的。

（四）课题成果体现了校本特色

新课标精神倡导学校要开发校本课程。什么是"校本课程"呢？在360百科里关于"校本课程"的解释如下："校本课程"是一个外来语，最先出现于英、美等国，已有20多年的历史了。现在在中国新课改的教育形势下，校本课程成为新课改的重点。"校本（school-based）"的含义是什么？从英文字面来理解校本课程：是"以学校为本""以学校为基础"。华东师范大学教育学博士郑金洲在《走向校本》中这样解释：所谓校本，一是为了学校，二是在学校中，三是基于学校。为了学校，是指要以改进学校实践、解决学校所面临的问题为指向；在学校中，是指要树立这样一种观念，即学校自身的问题，要由学校中的人来解决，要经过学校校长、教师的共同探讨、分析来解决，所形成的解决问题的诸种方案要在学校中加以有效实施。

回顾课题研究的3年时间，我们研究的问题是："如何在试题上体现从知识取向到能力取向的转变？如何在测试中减轻学生的压力？如何让一份试卷满足不同层次学生的需求？通过本实验研究，如何促进教师专业能力的不断发展？"这四个问题都指向学校实践中的实际问题，具有显著的校本特色。我们解决问题的方法是调动全校语文教师，由全校语文教师共同探讨、共同分析，是实实在在的校本研讨。我们在课题研讨中形成的测评卷就成了具有校本特色的教辅材料。

（五）课题成果体现了时效性

本课题的研究还体现了明显的时效性。2013年暑假期间，教育部提出了"减负十条"意见稿，其中一条是："规范考试。1～3年级不举行任何形式的统一考试；从四年级开始，除语文、数学、外语每学期可举行1次全校统一考试外，不得安排其他任何统考。每门课每学期测试不超过2次。考试内容严禁超出课程标准。"针对此意见稿，端城小学语文科组马上调整了测评次数和测评内容，严格执行教育部的规定，1～2年级取消平时的测验，3年级实行双单元一测，4～6年级灵活安排测评次数和时间。我们通过减少测评次数减轻学生的压力。同时，测评的评价也由最初的分数呈现调整为等级评价，并从2013年起新增了写字和卷面评价。此举主要是针对目前学生书写中错别字较多，书写质量偏低的现象，以此提醒学生写好字，注意卷面整洁。我们以三年级为例，将前两年的测评试卷与2013～2014学年度的测评试卷做了一系列的比较，发现在老师观念的改变之后，测评也有了很大的变化（见表7）。透过这些变化，我们让测评发挥着其反馈、诊断、激励和帮助等功能，起着促教促学的作用。这些变化深受学生的喜爱和家长的认可。

表7 三年级语文测评试卷的前后对比

时间	总课时数		测评次数	耗费课时	评价方式	学生的意见	教师意见
	建议课时	实际课时					
2011.9—2012.7	236—268节	245节	16	32课时（占总课时量的13%）	分数	对于成绩不理想的学生来讲，分数的公开给他们带来了不必要的麻烦	因测评、批改、评讲耗费太多时间，有时候感觉吃力不讨好

续表

时间	总课时数		测评次数	耗费课时	评价方式	学生的意见	教师意见
	建议课时	实际课时					
2012.9—2013.7	236—268节		16	32课时（占总课时量的13%）	分数+等级（附加写字卷面分）	测验时间太长。因为有了等级呈现，适当地保护了中下层面学生的自尊心	因测评、批改、评讲耗费太多时间，有时候感觉吃力不讨好。既要评分数，又要评等级，增加了工作量。但学生在书写分的督促下，端正了写字态度，卷面书写状况有所改观
2013.9—2014.7			8	16课时（占总课时量的6.5%）	等级（附加写字卷面评价）	测验次数减少了，语文活动的次数多了。取消了分数评价，减轻了学生的学习压力	测评次数的减少大大减轻了教师的工作负担，节省下来的课时可以用来开展更丰富的语文实践活动

六、课题展望

该研究虽已取得了一些成效，但今后还需继续探讨如何"处理好减负与语文测评的矛盾，让测评更好地为语文教学服务"的命题，并在研究中继续关注学生语文学习的动力和发掘教师的潜力，调动教师教学研讨的激情，帮助教师在专业成长方面获得成功。

（2014年5月由凌琳主笔）

（该课题成果获得端州区2014年基础教育科研成果二等奖）

二、区域小学语文教研文化的导向功能

区域小学语文教研文化的导向功能就是通过它对教研的领导者和教师起引导作用。主要体现在教研意识方面，它可以说是教师参加教研的收获与内化。从这一点来说，有效的教研活动，将促进教师自觉思考和实践新的教学方法，达到提高教学质量的效果：

案例⑬ 优秀科组评比导向学科教研扎实有效开展

每年一次的优秀科组评比就具有明显的导向作用。学校参照区的评分意见整理学校语文科组的经验，在评比中进行交流展示，方便区内学校学习。以下是端州区小学语文优秀科组评比的评分意见：

端州区小学语文优秀科组评分意见

一、评选对象

肇庆市端州区属小学、部分学校的小学部、民办学校的语文科组。

二、评选时限

以自然年一年为限，每年评选一次。

三、评奖范围

当年有评分学校科组总数的70%学校科组获奖，其中一等奖占30%，二等奖占40%。分界线的分数相同的科组往上一等次靠。对获奖的学校科组发给获奖证书。

四、评分加分细则

1. 常规评分：积极参加端州区组织的各级语文类师生活动。区级的底分30分，市级40分，省级50分，国家级80分。同一项目多人参加和获奖的，在底分基础上每人加10分。（如某校参加区教师素养比赛，有5人获奖，得分为30加40，共70分，以此类推）

2. 积极参加活动加分：是指为教育行政部门组织的各级语文类师生活动提供会议、比赛的场地，参加组织协办开放日等工作的加分。区级的底分30分，市级40分，省级50分，国家级80分。如果该项活动不限于语文学科的，在相应的级别上加10分。（如某校面向全市全科开放日活动，其得分是40加10，共50分）

3. 论文参评和发表文章加分：参加论文评选，每篇加10分，获奖后按"常规评分"的级别加分。市级以上发表的文章（论文、语文科的新闻报道等）也按市级40分、省级50分、国家级80分一篇加分，如果在核心期刊发表论文，在该级别加10分。（如某篇论文在国家级核心期刊发表，该论文加分为90分）发现有文章涉嫌抄袭经证实，除批评教育当事人外，该学校科组以每篇扣100分来计算。

4. 科研课题加分：以获奖或结题来计算。区级30分，市级40分，省级50分，国家级80分。如获得相应级别的课题奖，在该项得分中加10分。（如某区级立项课题结题并同时获得优秀课题奖，该课题得分是30加10，共40分。以此类推）

5. 其他获奖加分：学校语文老师参加教育行政部门、党委、政府的其他部门，获得承认的教育协会（如教育学会）等举办的比赛、征文等活动获奖的，按常规评分的级别加分。

特别说明：同一项目参加各级评奖的，取最高档次计分。

以上评比不采用突击做材料的做法，让各校语文科组把评比贯穿在日常的工作之中，受到老师的欢迎。

附

创建"静、研、齐"的特色教研文化
——小学语文教研文化构建初探
肇庆市端城小学　陆宇茵

每所学校都有自己独特的文化特质，它是学校持续发展的重要条件。而教研文化作为学校文化的重要组成部分，对推动学校发展、教师发展、学生发展具有不可小觑的作用。语文教研组作为小学教学中的第一大科组，创建特色教研文化应结合学校及教研组自身实际，一方面通过科学高效的教研制度推动和保障教学教研工作可持续健康发展；另一方面通过改革教研形式营造民主和谐的教研氛围，避免随意性、盲目性，逐步向科学有序方向发展。

一、养成"静"文化

上海市北郊学校校长郑杰在其所著《给教师的一百条新建议》中说过："教师要的是静气。就是静下心来备每一节课，静下心来批每一本作业，静下心来与每个孩子对话；静气就是静下心来研究学问，静下心来读几本书，静下心来总结规律，静下心来反思自己的言行和方式，以便更好地超越自己。"在语文教研活动中，打造科组教研"静"文化阵地能有效地促进教师自我发展，提升教师自身魅力，让"静"的文化种子扎根每一位老师心中，成为老师们一种永恒追求的生活状态。

1. 开展常态化的"静"文化培训学习

在每周教研中，以读书、写字、画画等练习语文教师基本功形式开展主题互动式教研。教研方式可以是多种多样的，如朗读课文或美文、练习毛笔硬笔书法、学习国画简笔画、合作撰写教案或情景剧本等，每周一主题，既可以集中也可以以分组的形式进行。这样的教研，既能提升教师教学技能，实现教师个体内部的自我修养，又能为教师创造一种良好的"静心"环境。教师工作紧张，普遍存在烦躁、忧郁等不良的情绪，"静"文化模式的教研能有效帮助教师释放压力，为教师静心工作提供支撑和保障。

2. 鼓励阅读

大教育家苏霍姆林斯基认为："读书、读书、再读书——教师的教育素养的这个方面正是取决于此。要把读书当作第一精神需要，当作饥饿者的食物。要有读书的兴趣，要喜欢博览群书，要能在书本面前坐下来，深入地思考。"教研组要有计划、有重点地组织教师进行阅读，成立专门的教师读书组织，指导、鼓励教师进行阅读。每学期有定量的推荐书目，组织读书活动，如读书沙龙、世界咖啡、读后感评比等。每位教师与教研组结合，制订自我读书计划、读书体会，教研组每学期评选出先进的阅读个人、阅读群体、书香家庭。"养心莫如静心，静心莫如读书"，阅读不仅能帮助教师静心养心，还能提高教师的工作效率，提升自身的整体素质。

二、打造"研"文化

教研，即教学的研究。由此可见，"研"于教研之中的分量。做一名研究型教师已成为一种时代的呼唤和世界性思潮。随着新课程改革的不断发展，教师必须与时俱进，在教学改革中不断学习，而教研组也必须以教师发展为本，积极开展相关活动，引领教师成为研究的主人。

1. 鼓励自我学习，善于反思总结

教研组鼓励教师进行自我学习，在教学中不断反思，不断学习，超越自我，取得进步。在瞬息万变的大数据时代，新知识不断更新，如果还故步自封，只会被时代淘汰。教师必须具备专业知识素养，这就包括精深的学科专业知识、广博的科学文化知识，以及教学实践经验和教育智慧。同时，还要具备新时代、新形势下一些不断更新的资讯，这些都需要教师通过自我学习来实现自我提升。

此外，教师在教学教育实践中要不断发现问题，特别是课堂教学问题。这些问题正是教师教学过程中自我反省和自我观察，它可以是教师的课堂反思，可以是教学案例，也可以是教学日记，及时记录并整理汇总，把它们变成条理性的文章，这些记录了自己思考过程的文字其实就是教师教学成长的经历，反映了教师对专业成长道路上的不断追求。

2. 注重课题研讨，加强切磋琢磨

随着基础教育课程改革不断地深入，越来越多的教师积极参与各种教育课题研究，并且取得了丰硕的研究成果，推动基础教育快速发展。"只有善于分析自己的教师，才能成为得力的、有经验的教师。在自己的工作中分析各种教育现象，正是向教育的智慧攀登的第一个阶梯。"过往，语文科组中很多教师总是闻"课题"色变，认为那是很复杂的事情，是专家领导的事情。其实在我们教育教学实践的过程中，存在着很多问题或疑难，需要我们进一步去探讨研究，找到解决问题的方法和途径，或是取得一些成绩或经验，而这个过程实质就是在进行科学研究了，一种教育教学工作中必须进行的创造性研究。可见，开展课题研究并不困难，它对于学校、教研组、教师个人的发展都有着深刻的现实意义，以课题研究促进教研文化发展已成为必然的选择。在参与课题研究的过程中，课题组成员共同探讨遇到的困惑，相互交流经验教训，在不断地切磋琢磨、反思与借鉴中，拓展新的思维与空间，教师的专业素养得到全方位的提高。而这就直接带动了整个教研组的发展，营造了浓厚的校本教研氛围，提高了教研效率，学科教学质量得到全面的提高。

三、构建"齐"文化

齐，同心协力也。团队的力量永远大于个人。集思广益，发挥集体智慧，才能提高整体教学质量，实现教学水平的共同提升。这就需要打造一个同心协力、兢兢业业、奋发拼搏的优秀团队。

1. 重引领，重分享

加强集体教研对提高学科教学质量是至关重要的。教研组应制定和完善教研组规章制度，根据学校总体工作计划的安排和教务处的教学工作安排，以学校教育管理标准化为依据，结合语文科组自身实际，使常规教研工作规范化，这包括集体备课、上课、作业批改、课外辅导、考评测试、学习培训、公开课活动、科组活动等，积极组织研课、磨课工作，科学统筹，灵活安排，明确教研组成员的义务和权利，确保教研活动有序、高效地进行。为教研组中每位教师制订一份专业成长档案，教师根据自身情况制订教师个人专业发展规划，引领教师对专业发展进行自我设计，自我监控，变被动为主动，通过学习、探究、实践、反思、合作，唤起教师内在的发展需求，提高和完善自身素质，实现专业水平不断提高。

除了每周固定的教研活动、集体备课时间，教师还应具备随时教研、解决问题的意识和行动。教材、课标的研讨，教学重难点的议定，教学设计、导学案及练习试题的编写，教学策略、辅导的采用等，使教师拥有更多的学习机会，拥有更多展示自我的平台，拥有更多交流共享的空间，发挥各自特长，发掘潜能，互相启发，在思想上碰撞出智慧火花。

2. 培养骨干，青蓝互助

培养青年骨干教师一直是科组教师队伍建设的重要内容，也是教研文化不可缺少的一环。为了促进骨干教师的专业化发展，必须加强组织领导，成立教师分层培养管理体制，以"一对一""师带徒"的结对形式开展"青蓝工程"，组织骨干教师和帮扶对象举行师徒结拜仪式，并签订责任合同，从思想交流、备课、上课、课后反思、辅导学生等全方位进行跟踪跟进，随时对话，切实发挥骨干教师的示范、辐射、引领、激励作用，真正做到"传、帮、带"，充分发掘潜力，为青年教师提供展示交流的舞台，使更多优秀教师能够脱颖而出。

与此同时，教研组应充分利用校内外的优质资源，为青年骨干教师发展搭建平台，如我校广东省凌琳名师工作室，定期组织开展大量的教育教学研究及实践活动，如专家讲座、教学研讨、送课下乡、课堂观摩、读书分享等，让我们语文科组教师开阔了知识视野，增强了理论底蕴，提升了专业素养，在名师的引领下，促进了教师专业化发展，提高了师资整体素质。

教研文化的构建，重在建设，贵在坚持，它有赖于教研组全体教师的共同努力。创建"静、研、齐"的特色教研文化，必然会凝聚成一股强大的文化力量，成为推动教师成长、学校发展、教育进步的巨大动力。

【参考文献】

[1] 郑杰. 给教师的一百条新建议 [M]. 上海：华东师范大学出版社，

2004.

［2］B.A.苏霍姆林斯基，杜殿坤编译.给教师的建议［M］.北京：教育科学
出版社，1984.

点评：端城小学语文科组在科组建设上注重教研文化的渗透，这些年也培养了一批颇有名气的语文教师，如专注于课题研究的陆宇茵老师，专注于课堂教学的麦少梅老师，专注于低年级识字教学研究的王宇红、陈伟嫦老师，专注于课前活动探索的钟海容老师等，这些都是有目共睹的。

三、区域小学语文教研文化的教化功能

区域小学语文教研文化的建设是一个长期、复杂而艰巨的工程。它需要一种持久的内动力，这种内动力可以通过外在的刺激来提供或强化，也可以用必要的制度进行规约与限制，但真正持久的，是自觉的人和群体，他们的投入，不是利益驱动，也不受强制力量所左右，是他们感受到了自身的智慧和内在力量，感受到另一种生活的方式，生命有新的体验和活力。所以，有足够文化自觉的人，才是区域小学语文教研文化建设之核心与根基，才能创造出一种活的、流动的、富有生机的教研文化。

案例⑭　附教研文化论文4篇

1. 大象有形：在舒展教育理念下构建的教研文化思考与探索

肇庆市第一中学实验学校　谭　映

什么是教研文化呢？根据《现代汉语词典》，文化是指人类在社会历史发展过程中所创造的物质财富和精神财富的总和，特指精神财富。结合这个概念，我们尝试将教研文化理解为伴随着教研组在自身建设和发展的过程中创造出来的精神财富的本质属性和内容，可以从三个方面理解。

（1）教研文化是组内成员自觉遵守的精神和价值取向。精神和价值观念是一种由内而外散发出来的东西，它并不神秘和虚无，反映出教研组成员的共同精神和价值追求。

（2）教研文化是组内成员共同的行为规范。对于教研组的各种活动，如

观课磨课、专题研究、读书活动等，都有约定俗成的行为规范，使活动有序高效地运行。

（3）教研文化是组内成员的专业表达方式。专业表达方式是指教研组成员在平时的教学研究和行动学习中如何思考和行动。

教研文化是学校文化的缩影。教研组置身于所在的学校文化环境中，教研组的建设目标及相应的教研活动是学校目标的具体化，多少带有学校的文化的"影子"。

这样，我们可以理解为教研文化不是简单的"包装"问题，而是一种实践过程中的自觉意识和品质提升。鉴于此，肇庆市第一中学实验学校以文化的孕育作为团队建设的最高境界，在教研组建设中向文化内涵发展进行如下的探索：

一、理念先行，建立"舒展"教研文化氛围

肇庆市第一中学实验学校作为创立于2017年的新学校，一切尚处于初级阶段，但是任何一个组织的发展，其本质都是组织的文化内涵由简单走向丰富的过程。学校围绕《国家中长期教育改革和发展规划纲要》，努力探索一条规范发展、内涵发展、特色发展之路，确立了"扬舒展力量，育生命自觉"的办学理念，以"学生喜欢、家长满意、教师幸福、社会向往"为目标，实行教育的重点是个性的充分发挥。为使全体教师尽快熟悉学校的办学理念，学校以专题讲座和工作坊等形式多次开展学校文化研讨会、科组发展研讨会、教师发展研讨会，让教师充分发表意见、统一认识，充分体现领悟学校的舒展理念。在寻找和构建学校文化的基础上，教师有了目标焦点和能力，并深刻体会到教育教学中的"舒展"文化内涵，基于这样的理解，将学生能力的培养、人格发展置于教师发展、课堂有效实践之上，使教研组建设与学校办学浑然一体。

二、制度规范，在精细化管理中形成教研文化

教研文化的创建是一个按照其基本路径长期积累的探索实践过程，无法在短期内实现，但也并不遥远，教研组不是松散型的组织，教研组的管理与运行需要不断创新。但无论如何变化，有些东西必须是恒久不变的，不仅不能淡化甚至需要强化，提升教学质量始终是教研文化的核心，而制度规范乃是教研文化的立身之本。

（一）健全制度

教研组的各项制度及教研组成员的执行力会直接影响到教研组的发展，为此，学校先建立一套较为完备的教研组建设制度。包括教研制度、集体备课制度、"每日一研"制度等，还有"定计划、定专题、定时间、定地点、定成果"等规范，同时要求相关的活动记录和资料积累，这些都要求教研组在实践中扎扎实实落实和完善。

（二）抓实抓细教学管理过程

学业质量是学校的生命，教研组是质量保证的主阵地。尽管学校现在只有一年级，但是教研组在立足教学的"五环节"的落实探索、践行中形成了自己特色的研修文化经验。

1. 备课：个性化解读+集体智慧=把握整体

作为教学"五环节"的始端，备课对后面的上课、作业、辅导和评价起着"路轨"的作用，可谓教学质量的"风向标"。鉴于此，我们形成一套规范的流程：独立备课、集体磨课、完善教案。这样的做法，既避免了因教师对教材的认识差异和解读能力差异导致不均衡，又为守住教学质量的底线打下了坚实的基础。

2. 上课：课堂实践+优化设计=注重实效

上课是教学生命的"循环系统"，是把备课设计转化为课堂效力的唯一途径。因此，我们提出由"教学预设"向"教学生成"转变，由"传授知识"向"促进学习"转变。

3. 作业：作业反馈+后续调整=关注差异

作业是教师课堂教学的"缩影"，是检验教学效果的手段，所以要精心设计习题，重视学生个体的发展，最大程度为学生减负增效。教师要根据作业的反馈，及时做好教学的调整和优化。

4. 辅导和评价：因材施教+主体评价=强化针对性

根据"因材施教"的原则，深化分层教学，分层辅导，用不同的教学方式满足不同学生的需求。对于学生的学习评价，可以个性化、多样化促进学生不断进步。

其实，教研文化不一定刻意标新立异，将常规做精做细，形成自己的体系和经验，这本身就是一种教研文化的体现。

三、植根教研，在研讨中生成教研文化

组内校本教研是课堂教学的保证，它关注常态化课堂，提倡沟通、内化、改进。沟通是组内校本教研的永恒主题，包括每日一研、集体备课、组内研究课、质量分析。

（1）每日一研：教研组的老师利用每日一研与同伴学习研讨，扎实开展教学的研究和改进活动。

（2）集体备课：由单元准备教师作为主讲，组内教师全员参与，各抒己见，畅所欲言，在共享的基础上实现对教案的优化、内化，为舒展课堂打下坚实基础。

（3）组内研究会：每位教师每学期结合学校的舒展课堂的理念及学科特色上组内研究课，集体策划，整体设计，分期总结。

（4）质量分析：对校或校以上的质量检测要进行质量分析、反馈，加强各班之间的横向对比、沟通，共同发现问题、商量对策。

四、多级展示，在精彩中丰富教研文化

教师队伍培养是教研文化持续发展的坚实基础，如何走出一条富有创新又具有特色的教研文化之路？经过各方集思广益的深入思考，学校制定以活动培训老师，展示锻炼队伍的教师校本研修与专业发展的策略，为教研组搭建了展示的平台。

尽管只有两个月的建校时间，学校已经有2名老师参加省级比赛，各科组区级比赛或展示已有8次之多，占在编教师的65%以上，涉及的学科包括语文、数学、英语、体育、心理健康等学科。每一次展示活动的全过程，都是一次全方位、多层次、多侧面的学科全员校本研修的历程：常态学科教研活动的积淀—活动方案的策划—活动方案在教研组内的动员—不同层次的课例试教—最终定位—现场教学展示。这是一个挑战进取的过程，既饱含艰辛苦痛，更充满激情和快乐。当这位老师在展示的舞台上充分展示的时候，其实他所表达的是一门学科、一所学校、一个教研组的思想、作为和文化。每一位老师都可以在他的课堂看到自己思想的火花和智慧的结晶，这既是教师专业发展的提升，更是一种教研文化凝聚的过程。

教研文化的孕育是一项极富智慧的管理行为，远不止上述内容，但有一点是肯定的，教研文化的核心价值取向是人的发展，应当认识到：人是一切发展之源泉，教研文化应当以教师的真实变化和发展作为价值中心，在学校"舒展教育"的理念下，我们将以教研文化的构建为载体之一，在"成事"中"成人"，为"成人"而成事。

【参考文献】

［1］黄银美.教务主任的工作艺术［M］.南京：南京大学出版社，2011.

［2］秦晓华.走进生命走向生活［J］江苏教育，2017-10.

2. 以信息技术为驱动，实现教研文化的重塑与提升

肇庆市奥威斯实验小学　蓝秀娟

《国家教育事业发展"十三五"规划》（以下简称《规划》）提出新时期教育改革的要求："教师素质进一步提高，学校办学条件明显改善，教育信息化实现新突破，形成信息技术与教育融合创新发展的新局面，学习的便捷性和灵活性明显增强。""全力推动信息技术与教育教学深度融合。"《规划》强调了信息技术在教育改革中的重要作用与地位，学校对信息技术应用不能继续停留在以往简单的普及层面上，而是要求达到更高的层次——"深度融合"。正所谓本立而道生，教研文化作为一所学校的根本，教育信息化要实现新突破，应该从教研改革开始。

一、了然于胸，识信息技术

"信息技术教育"中的"信息技术"，可以从广义、中义、狭义三个层面来定义。从狭义上而言，信息技术是指利用计算机、网络、广播电视等各种硬件设备及软件工具与科学方法，对文图声像等各种信息进行获取、加工、存储、传输与使用的技术之和，它代表了当今先进生产力的发展方向，使人们能有效地对资源进行优化整合配置。它是推动教育文化革新发展的驱动力，是教育拉近地域差异，实现区域均衡发展的利器，兼具了工具性和实用性。

信息技术不但是教育改革的利器，更是一种协作、融合、共赢的思维方式。学校教育工作者用好信息技术，为教研文化注入信息技术思维方式，有助于有效地对教研活动进行组织和管理，推动教研活动的不断升级、革新，在钻研、分享、实践的良性循环中实现教研文化的促进和发展，全面提升教研工作的质量和水平，重塑教研文化，最终形成创新发展新局面。

二、目无全牛，找准融合点

信息技术与教研文化的深度融合，不是单纯的对于相关信息技术手段的引入应用、加乘，而是一个潜移默化的吸收、渗透过程。经过我校教师深入的理论学习和长期的思考实践，总结出信息技术与教研文化实现深度融合有以下三个融合点：

1. 奠基于先进的教研理论，借此指导融合

信息技术与教研文化进行融合后，教研形式、教研的文化内核势必发生转变，如果没有先进的教研理论来进行指引，教研工作失去了焦点，教研文化将会涣散。先进的教研理论是进行融合改革的指路灯，只有既契合信息技术协作、融合、共赢的思维方式，又能促进教研文化在钻研、分享、实践中实现良性循环的教研理论，才能指导两者进行融合。

2. 依附于"主导—互动相结合"的教研形式进行融合

"主导"是以教师作为教研活动的中心，是参与的主体，掌握教研工作的话语主导权。只有主导的角色发生转变，以参与者教师为主导，发挥出参与者的主动性、积极性和创造性，教研的互动交流才能有实质的意义。而通过信息技术手段搭建的交流平台，有助于形成以"主导—互动相结合"的教研形式，让参与者互利共赢，得到专业提升，实现教研工作的创新发展。

3. 注重外在教学资源的搜集、建设与开发

教学资源的搜集、建设与开发是实现信息技术与教研文化融合的必要前提。传统的教研工作琐碎，缺乏计划性，教研资料收集管理方式传统落后，难以进行资源的积累及翻阅调配。因此，教研思维必须发生转变，充分利用信息技术支持下的数据收集和处理优势，树立起在大数据环境下管理教学资源、教研资源的意识，在日常教研工作中有意识地积累教师教学、教研等基础性信息，与搜集到的优质资源印证，去芜存菁，开发建设特色学校教学资源系统。

三、高度融合，施可行之法

1. 构建网络教研环境

"工欲善其事，必先利其器。"保证信息技术与教研文化的深度融合，首先得完善硬件基础设施。在2016年和2017年期间，我校分两批更换了教室中的电脑教学平台，为改革教学形式提供了硬件保障。为提高信息化进程，保障教学网络安全，在2016年我校对校园网络进行了改造，改造后拥有千兆教学办公网络，校内

全覆盖Wi-Fi，各场室教学终端设备均能接入互联网，全校师生均能共享广东省教育资源公共服务平台、肇庆教育资源公共服务平台等平台所提供的教学教育信息。

要进行校内教研的互动交流，实现教研信息化，需依赖于网络教研平台的构建与专人的管理。传统学校里信息技术员只担任学校的信息技术学科的教学及校内信息设备的维护，任务较为单一；而我校的信息技术员在此基础上承担起网站管理员和信息管理员的工作。我校到目前为止，先后搭建更新了教学平台、教学分析系统、教师管理系统、校内交流平台，并逐步搭建起网络教研平台。其中网络教研平台设有"名师引领""案例分析""教研会所""教学资源""教研万花筒"这五个板块。"名师引领"收录了国内一些名师专家的先进教育教学理念，为教师在教研教学中提供了指导引领，发挥了名师的辐射效应。"教研会所"是教研的阵地，也是点击率最高的板块。在"教研沙龙"中，下设了"信息发布""学科教研""谈天说地"栏目，使教研活动由线下逐步转移到线上，更利于教师表达观点，提高参与度，分享经验，进行激烈的思维碰撞，迸溅思想的火花。"教研万花筒"板块提供了在线课程资源，或者是大型教育教学活动的现场直播资源，让大家看到外面更大的世界，开拓教研视野。

2. 建立完善的教研制度，保证融合效果

"无规矩不成方圆"，再好的教研方案，没有一套完善的教研制度是都难以推行的。为解决原有的教研制度陈旧呆板、操作机械的弊端，保证融合效果，我校制定了《教师教研责任制度表》，以此管理监督教研活动的开展，让教研工作评价机制更加可行、客观和科学。

现今我校的教研活动由线下逐步向线上转移，而我校每项教研工作发布时附带精细化管理表呈现分工，并发布在信息发布平台，管理人员通过信息平台后台统计相关文档下载人（次）数、人员名单，点对点提醒没有及时查看、漏看方案的人员，确保每一项工作落实到个人。应用网络教研平台，实现教研信息化后，参与教师在平台的评论、回复和发帖等板块的表现可以汇总成直观数据并能一一呈现在组织管理者面前。通过这些原始数据，可以掌握参与教师的教研开展情况并做出及时、中肯的评价。在网络教研平台中，每位教师都是教研的主体，均能积极参与到教研工作中来，同时组织管理者能在问题出现后直接追责到个人，提高了教研工作的执行力度。

3. 加强教师培训学习，重构教育价值观和教研理念

信息技术与教研文化进行融合势必会对教育价值观产生影响，发生教研理念的整合与重构。教育价值观是学校教研文化建设的灵魂，无论是学校层面还是教师层面，都要顺应时代的要求，并结合新课改的方向，整合与重构教育价值观和教研理念。加强教师学习和培训，通过组织有针对性的专题讲座、网络学习，进行贴近自身的校本教研培训，开展跨地区的对外交流学习活动，并将集体培训与分层培训结合起来，使学校自上而下实现教育价值观和教研理念的转变，树立现代教育理念，更加重视教研文化的建设。我校非常重视教师的培训学习，善于利用社会各方面的教育教学资源，如2015年，与广州的教育专家费伦猛教授达成对我校教师进行定期培训的协议；定期派出教师到外地参加培训或跟岗，学习先进的教学理念，促进教研文化交流，提高教师的教研水平；与北京的西苑小学、四川的广元小学开展长期的合作交流活动。

我校这一系列的措施，目的在于以信息技术与教研文化深度融合为契机，以推进教研文化转型为首要任务，激励教师积极投身科研工作，提高教师教研水平，最终实现学校的创新和发展。

四、验收效果，需检看转变

1. 教研形式的转变

为了促成信息技术与教研文化的融合，我校构建了网络教研平台，形成"主导—互动相结合"的教研形式。在教研活动中，教师多采用研讨、交流等方式探讨教育教学中的问题，利用微信、QQ、企业微信建立教研平台，采用线下与线上相结合的方式开展主题研讨活动。这种教研形式拓展了教学研究的渠道，为教研数据研究、精细化研究创造了可能性。

2. 教研主体的转变

在"主导—互动相结合"的教研形式中，教师是教研的主体，掌握教研工作的话语权。教研活动开展的目标就在于提高教师的教研教学水平，促进教师的专业化发展。传统的教研形式，教师一直扮演教研活动的辅助角色，在参与教研活动中处于"失语"状态，教师在教育教学中迫切需要解决的难题和专业提升诉求被忽略。现有的教研形式强调不同层级之间、不同部门之间相互协作，强调每位教师均是教研活动的主体。

3. 教研内容的转变

传统的教研活动普遍是没有主题的，单纯按学年计划例行召开工作会议，或是存在主题随意性的现象，没有形成有目标、有针对性的研究体系。由于信息技术与教研文化的融合、教研主体和教研方式的转变，教师利用网络教研平台进行研讨时，自然会把研究内容聚焦到自己的实际教学中来。为了推动信息技术与教研文化的深度融合，学校加强了教师的培训，使教师的教研价值观产生了转变，提高了教师的教研水平，也为研究内容的转变提供了可能。教研内容的转变，意味着由零散教研向系统式教研的转变，教研的主要内容将重点解决教师在教学中存在的问题，提高了教研工作的针对性和实效性。学校在教研内容发生转变的过程中，收获了令人惊喜的教研成果：一种较前沿的教育研究方式——课堂观察，在我校全面推行，并于2016年3月成功承办了"广东名校行——广州·肇庆·中山·东莞四地百校小课题研究研讨会"；由于教研理念的转变和科研水平的提高，大批教师撰写了高质量的教育教学案例，并于2017年收编成册出版；我校教师得益于教研信息化，潜心进行课题的研究，我校教师多个课题获得省、市的奖项。

4. 丰富教研资源，促进学科融合

我校网络教研平台的"教学资源"板块实质是教学教研资源数据库，里面不但保存了我校教师的教学计划、教学设计、教学实录、教学反思等教学资源，还收集了大量优秀的教育教学资源，为教学研究提供数据支撑。而"教研万花筒"板块则借助了在线网络课程资源，不但拓展教师的教研视野，促进教师的发展，还促进学科间的交流与融合。例如，2017年，第七届全国小学语文教师素养大赛在南京举行，虽然可以到现场观摩比赛的名额有限，但其他的教师纷纷通过比赛的直播进行了学习讨论。令人惊喜的是，得益于网络的开放性，参与学习讨论的不只是语文教师，其他学科的教师也从自己的学科视角进行了讨论评价，使此次观摩学习呈现了学科融合的可喜之势。又如，2017年广东省"互联网+优课"教研展示活动在我校举行，以网络直播和线上线下教师、教研专家点评交互的方式开展教研。通过学习省、部级"优课"教学经验，开展创新教学、教研模式的研讨，提升了广大教师的信息技术与学科深度融合的能力，提高了教育教学质量。

学校教研文化的重塑与提升涉及的问题相当复杂，需要外部的刺激来提供强化，信息技术无疑是理想的驱动力。但信息技术并不是教育革新的外衣，直接套用就能达到重塑和提升的效果。教育革新是由内而外的，只有深入了解信息技术与教研文化的核心价值，找准两者之间的融合点，信息技术与教研文化才能深度融合，才能使教研文化焕发出生机和活力，加速学校的教育改革和发展，实现教育区域均衡发展。

【参考文献】

［1］郑世忠，张德利.继承与超越:从"网络教研"到"'互联网+'教研"
　　［J］.中小学教师培训，2016（10）.

［2］黄成.以现代信息技术为载体营造校本教研校园文化氛围［J］.科学咨
　　询（教育科研），2017（04）.

［3］任雅萍.固本浚源源远流长——浅谈语文教研组的文化建设［M］.绵
　　阳：四川省绵阳市文联，2017.

［4］庄敏琦，庄菁玮，李明翔."互联网+"背景下校际协作教研模式的研
　　究与实践［J］.中国电化教育，2015（12）.

［5］何克抗.我国教育信息化理论研究新进展［J］.中国电化教育，2011
　　（1）.

3. 谈谈有效构建小学语文科组教研文化的策略

肇庆市第十五小学　　陈　劲

进入21世纪以来，随着社会的进步发展和基础教育的深入改革，小学语文的教学也进入了一个新的局面，在小学语文领域内的教师也面临新的问题和挑战。广大教育工作者对如何切实解决这些在实践中出现的问题进行了大量的思考、研究和实践。经研究和实践表明，在日常小学语文教学工作中，我们可以通过具有实践指导意义和操作实效的科组教研活动来及时解决相关问题，而科组研究活动的成效高低，与科组教研文化有着密切的关系。一个好的科组教研文化，能够激发科组教师的创作热情，增强团队的凝聚力，可以指引科组教师在专业的方向科学有序地前进。因此，如何有效构建小学语文教研文化已成为当今语文教学领域中的热点话题和研究课题。下面我将从科组教研文化的性质和意义谈起，并分析当前小学语文科组教研文化在构建方面仍存在哪些不足，

最后根据分析的情况提出有效的构建小学语文科组教研文化的策略。

一、小学语文科组教研文化的性质和意义

（一）小学语文科组教研文化的性质

我们都知道，科组教研是指学校学科的专任教师集中研究、讨论该学科知识、技巧、理论的一种学术行为，是一项有益于该学科教师提升自我理论水平，推动教学质量提高的活动，是学科教师专业发展、自我培训的基地。

那什么是科组教研文化？科组教研文化可以理解为是一种科组内部的核心文化，也是一种科组内大家约定俗成的文化。它指的是该科组教师思想、态度、观念、人际关系、行为规范的总和，是整个科组的一种具有导向性的精神。

综合上述两种定义，我们便可以把本论文中探讨的小学语文科组教研文化理解为是指在小学阶段里，语文专任教师一起集中在先进的教研理念指导下，通过教师间多形式的相互交流、讨论，运用教育科学和语文科学的理论与方法，以课堂教学实践为载体，有目的、有计划地对语文教师专业成长发展、小学语文教育教学中的现象与问题进行研究的一种动态发展的、开放包容的、发展创新的文化，最终达到探索和认识小学语文教育与语文学习的内在规律及本质特点，推动小学语文教育教学的改革与发展，促进小学生语文素养的全面提高的目的。

（二）有效构建小学语文科组教研文化的意义

有效构建小学语文科组教研文化，具有积极的理论价值和实践意义：将有利于形成科学的教育思想，丰富小学语文教育教学理论；有利于推动语文教育教学改革，提高语文教育质量与效率；有利于教师的专业素养和综合能力的全面提高。

培养教师正确科学的教育价值观念、思维方式和行为方式。

二、当前在构建小学语文科组教研文化方面存在的问题和不足

（一）构建教研文化的氛围不浓厚

对科组教研的认识不全面，缺乏深层次的认识，不少教师对"语文教研"抱有畏难的情绪，总认为教研是一门很高深的技术，要有很高的理论知识才能够开展，自己只是普通教师，平时能上课、写教案、改本子就算不错了，搞教研根本摸不到门道，很难有大的作为。相反，有些老师则对小学阶段的语文

教研抱轻视的态度，认为小学语文知识浅显，不必大张旗鼓去开展教研工作。

（二）构建教研文化的条件不保证

进行语文教研的时间不固定，内容杂乱，缺乏针对性。当前不少学校对科组教研的重视程度不高，每周分配给各个学科的教研时间很少，甚至是不固定的，当上级部门来检查时，便临时召开科组教研会议，研究一些不够深入的问题。有些学校的科组教研虽然有固定的时间和场地，但由于语文老师通常都是班主任，所以教研内容往往就是用来布置学校其他工作的，或是掺杂一些班主任常规、德育教育、后勤安排等事情，与语文实际有关的理论研究、话题探讨变得少之又少，语文科组教研变得名不副实。

（三）构建教研文化的主观意识不足

部分教师进行教研的自觉性、主动性还不够，当前不少地方的班额偏高，学生较多，语文教师又常常兼任班主任，有些教师便认为搞教研会影响本职工作，还不如省一点时间来改改作业或备一下课，对参加教研活动比较抵触；有些教师进行教研是带有"功利心"，想着参加教研就是为了评职称、晋级，一旦涉及对学科知识、教学理论探讨的内容，就显得不上心，敷衍了事，走走过场应付过去，或是迫于上级检查压力，在教研过程中做做样子，随便说几句对付一下，一些真正促进教学的建议、理念毫不上心。这些现象表明有部分教师对待科组教研的态度是被动的，自觉性较欠缺。

（四）构建教研文化的理论水平支撑不够

部分教师自身的科研能力水平较低，对科组开展的教研领悟不到位，有些老师由于长期忽略自身专业水平的建设与提高，对日常教研的方法和技术掌握不足，教育理论陈旧、僵化，面对新问题、新情况不知如何下手；教育理论素养欠缺，写出来的专业论文或报告达不到理论研究的要求。

三、有效构建小学语文科组教研文化的策略

（一）规范学校科组教研制度管理，形成科组教研文化特色

学校要充分认识到科组教研文化对学科建设、学科发展的重要性，要对科组教研给予足够的重视和充分的支持，在时间上、场地上、操作上要落实具体，形成规范的教研制度，如规定教研组每周集体备课一次，做到定时间、定地点、定内容、定中心发言人，共同研读学科的《新课程标准》和教学要求，

共同研究教材、教法及学生情况，根据学生需求制定相应的教育教学策略。

我所在的肇庆市端州区多年来都是实行固定时间的学科教研制度，规定了每周二下午的时间为语文科组教研时间，这个时间段内，所有语文老师都不安排课程，专门集中在一个地方进行语文学科的教研，但凡有大型的比赛，往往是多所学校联手教研，共同为参赛老师出谋划策，提供团队的辅导。多年来的实践取得了较令人满意的效果，端州区的语文老师综合水平和素养常年均为市前列，在省市区各类型的比赛中，端州区教师的成绩处于领先位置，这跟多年来语文科组构建有效的教研文化是分不开的。

（二）大力促进教师专业化发展成长，鼓励科组教师大胆创新

目前，教育科研与教育实践的紧密结合已成为大势所趋，教师专业化成长的重要意义，越来越被教育专家们认可和重视。大力促进教师专业化成长，具体表现在以项目带动科研，重视语文教师的专业理论培养和课题研究，鼓励科组教师大胆创新，不断提高语文教师的教研水平，指导老师们以教学研究为主线，以课题实验为突破口，切实开展课题研究，大力推进课题实验研究，以课题研究解决课程改革实施过程中出现的问题，做好课题研究的规划、跟踪服务及相关课题的结题工作。随着参与教研老师专业素养的提高、基本技能越来越扎实、熟练，教师看待语文教学中的问题也越来越深刻到位，并逐渐形成严谨、高效、科学的教研文化氛围，进而影响更多的科组教师走上专业化的道路，形成一个良性的循环。

（三）营造开放式的科组教研文化氛围

心理学原理告诉我们：在被尊重、被信任的愉快、和谐的环境中，人的智力能得到有效的发挥，其个性心理特征也能得到充分的展示。由此可见，轻松、活跃的教研文化氛围能够让参与的教师在全神贯注中愉悦身心，激发灵感，淋漓尽致地发挥创造力。具体做法可以在学科教研中，预留一点自由发言的时间，让各位教师结合当次教研的内容进行意见表达，不拘泥于固定的答案，多听取来自不同角度、不同立场、不同观点的声音，充分尊重发言教师的意见和建议。在把握整体方向的科组教研"大环境"的前提下，允许个别老师在专业问题出现"小气候"的情况。这样一来，对语文领域内的各类知识便有了不同层次的发现。所谓集思广益，教师们的创新意识和对语文学科的研究必定随着活跃的科组教研文化氛围逐渐加深，进而对小学语文学科发展起到一个

积极的推动作用。

（四）搭建展示、合作平台，渗透各类文学要素，打造语文科组特色文化

学校可挖掘本地区教研片区内各校的优质资源，共同组织好教研片区语文学科教师各项交流研讨活动，发挥各校优秀学科的引领和示范作用，促进教研上一个新台阶。实行研讨课题主办轮值制，组织各校语文教师参加研讨和评议，为教师提供相互交流、相互学习和展示成果的平台。对于年轻教师，可为他们搭建成长平台，落实"传帮带"制度，可采取骨干教师与青年教师"师徒结对"等方式，通过集体备课、听课、评课、上公开课和专题研讨等形式对新教师进行跟踪指导，同时加强校本培训，让年轻教师在教研中吸取营养；积极鼓励年轻教师积极参加各类业务技能竞赛，在实践中找差距，促成长，得到更充分的锻炼。通过这样的方式，使语文科组的教师梯队得到一个有序的、科学的发展。

此外，在科组教研中还可以积极渗透各类文学要素，打造语文科组特色文化。比如，定期开展现场作文大赛、辩论赛、猜灯谜、写对联、填诗词等具有语文学科特色的活动，使语文科组教研充满浓浓的"语文味""文化味"，让语文老师在教研中产生文学专业的共鸣，激发对语文学科的求知欲，进而产生积极改进语文教学的内驱力。

综上所述，有效构建小学语文科组教研文化对促进语文教学、推进语文教学改革、提升语文教师专业素养有着积极的意义。作为一名基层小学语文教师，应该积极参与到构建语文科组教研文化的活动中来，在教研文化的影响中积极寻找锻炼的机会，在锻炼中不断成长，最终全面促进自身语文素养的形成和发展。

【参考文献】

［1］温忠麟主编.教育研究方法基础［M］.北京：高等教育出版社，2004.

［2］冉正宝.语文思维教学论［M］.广西：广西师范大学出版社，2003.

［3］李富华.小学语文教研活动存在的问题及相关策略研究［J］.教育，

2016.（07）

4. 铸魂固本，聚心立道
——浅谈乡镇小学的语文教研文化建设策略
肇庆市端州区沙湖小学　曹燕华

学校文化是一所学校的灵魂，是学校品位的集中体现，是彰显学校凝聚力和活力的重要源泉。好的学校文化会让师生性情得以陶冶，生命得以舒展。一所学校有属于自己的积极向上的校园文化，它必然会焕发强大的生命力和核心竞争力。而语文教研组，作为学校教学研究最基层的组织之一，在学校文化建设中肩负不可替代的神圣使命。

所谓"求木之长者，必固其根本"，文根必须深植。语文教研组的建设发展必须以所在学校的文化底蕴析出的文化内涵为根本，指引教研组的建设方向。因此，以文化铸魂、以文化固本、以文化聚心、以文化立道，进一步丰富载体和内容，塑造科组教研形象，可以为实现语文教研组跨越式发展提供强劲驱动力。

然而，每个学校办学层次不同、教师人数不等、师资水平各异、教学对象有别，不同学校的语文教研组的教学理念、教学策略都会不一样。以乡镇小学为例，进行客观真实、带有浓厚乡土生活气息、生动鲜活的语文教育实践，以及实施行之有效的教学理念和教学策略是语文教研组文化建设孜孜以求的。因此，乡镇小学除了借鉴学习其他学校的优秀经验，还要善于发掘本校宝贵的精神文化财富，拓展校本资源，过滤形成有用的素材，为科组文化建设所用。

一、重视制度建设，落实教研规范

"没有规矩，不成方圆"，规章制度规范了我们的行为，维护了良好的秩序，是各项事业成功的重要保障。而制度建设是教研组建设的重要组成部分，对于提高教研组的执行力、规范教研组成员的行为、推进教研组建设健康发展，具有重要的现实意义。为此，语文教研组要制定详细的教研工作制度，如语文教研组管理制度、语文教研组学习制度、语文教师评价制度、集体备课制度、作业布置与批阅制度、课堂常规要求、日常教研活动纪要等。平时注意提高教师对知识收集与管理的能力，形成一系列较高质量的教案集、课件集、教辅集和试题库，教学研究成果共享规范化。在教研活动开展过程中，强调制度管理、规范管理、量化管理。在制度建设中坚持落实"五多一常"，即"多学习、多研究、多交流、多反思、多指导、常考核"，做到教研工作有制度、有计划、有措施、有落实、有实效，甚至有创新。以我校这样的乡镇小学为例，规定每周二下午为语文教研时间，认真落实各项教研活动，使教研活动常态化、规范化。此外，通过建立教师个人业绩档案，建立激励机制，细化教师考核条例，做到有检查、有记录、有反馈，把教师教学实施情况和教研参与情况纳入每个人的业务档案，作为绩效考核的依据。

"纸上得来终觉浅，绝知此事要躬行"，执行是落实制度的关键。因此，积极引导教研组成员自觉执行各项制度，把制度落实到行动上，内化为每个成员的自觉行为，对语文教研组教师队伍的建设有着极其重要的作用。让制度由约束到规范、由规范到习惯、由习惯到文化，保证各种制度的相互协调和贯彻落实，循序渐进，逐步形成"严谨务实、规范向上"的教研氛围，实现成员之间的交流与沟通、协调与合作，才能确保语文教学教研活动的有效实施，才能真正体现以人为本的管理理念，真正做到制度育人。

二、改进课堂教学，创设和谐课堂

苏霍姆林斯基说过，"课，就是教育思想的源泉；课，就是创造活动的源头，就是教育理念的萌发园地"。他的话突出了课的重要性。无疑，课堂教学活动就是强化教师素质、提升教师水平的摇篮。在课程改革的新形势下，课堂就是课改的主要阵地，是学生接受教育、接受知识最直接的渠道。

在一些乡镇学校，某些教师的课堂还没形成系统，教学方法还处于传统的讲授，学生被动接受知识，学习兴趣不浓，积极性不高，学习上存在得过且过心态。这样的课堂如一潭死水，泛不起涟漪，不知是何味。著名特级教师孙双金认为，"课堂教学要引领学生攀登知识的高山，攀登情感的高山，攀登思维的高山，攀登人格的高山"。是的，要改变无效的课堂，教师就要改善课堂文化的氛围，发掘课程资源，激发学生学习兴趣，培养学生良好的学习习惯，做学习的主人。在教研过程中，我们要立足课堂，以开展新课程改革实验为契机，加强和改进新课程研讨工作，紧紧抓住课堂教学这一素质教育的主渠道，深入开展课堂教学改革，促进教法与学法的改革同步进行，扎实开展"校本教研"。为有效提高教研质量，我们可以以转变教学方式、提高课程实施水平为重点，开展教学观摩研讨、教学总结反思、教学案例分析、课改专题研讨等多种形式的教研活动，多开展研讨课、观摩课、示范课等活动，切实帮助教师专业发展，提升教师驾驭新课程的能力，推进课程改革向纵深发展。

实践证明，公开课是教师共同提高的一种形式。每学期教研组都要有计划地安排校内或校外的公开课，并把骨干教师的示范课和青年教师的成长课结合起来，认真研究教材教法，既要让授课老师展示教学风采，更应注重对课堂的研讨与评议，挖掘成功要素，提出改进意见，最终形成优秀教法供大家在教学实践中采用。公开课的落实，能有力地促进教师专业化成长和新课程理念在课堂教学中的有效落实，推动新课程有效实施，适应学生的多元化要求，让学生学有所成，让课堂和谐发展，推动实现高效课堂的目标。

三、立足乡土实际，发挥特色优势

著名特级教师李吉林说："美能激智，美能发辞，美能怡情，美能育德。美对儿童发展产生的全方位的功能是无可非议的。"每所乡镇学校，都有其特殊的地理位置，有其独特的历史韵味之美。乡镇学校要注意搜集具有浓郁乡土气息的内容，充分发挥文化的渗透育人功能，让孩子们时时处处感受到身边浓郁的乡土文化气息之美，在源于生活的文化中耳濡目染，受到美的熏陶。

以我校这样的乡镇学校为例，我校毗邻著名的端砚文化村，端砚文化远近驰名，享誉中外。面临这样丰厚的资源优势，我们全面开设了端砚文化校本项目，打造"以美育人"的端砚文化校园，让学生在举目移步间都能受到乡土文化的熏陶，并积极收集、整理家乡优秀传统文化资料，编写了校本教材《端砚，国之瑰宝》（上、下册），科学地吸收、借鉴优秀的民族传统文化内容，充分发挥了校本课程的作用。与此同时，通过开展丰富多彩的端砚文化活动，激发了学生热爱家乡、热爱祖国的美好情感。

这些年来，学校语文教研组以本土端砚文化结合写字教学作为实施素质教育的突破口，自编教材，确立具有校本特色的写字课程，按学段承担编写了《沙湖小学写字教材》（试行版）及考查细则，对学生的写字坐姿、执笔是否规范等行为习惯加强了指导，根据学生年龄及学段的不同开设铅笔、钢笔及毛笔字课程，把写字基本功评价作为学生综合素质评价的重要依据。根据自编校本写字课程要求，设置了《沙湖小学教师（学生）写字能力考查表》，考查辐射至各学科，并以互评形式完成成绩评定。通过系列活动，弘扬书法艺术，让学生在写字教育中达到"写字寓意"和"做人于教"的和谐统一。在全校各年级开设写字课程，通过对师生"三笔字"培训、作业教案展评、手抄报及班级墙报评比，扎实培养全校师生的良好书写习惯和提高规范汉字书写能力。

功夫不负有心人，《端砚，国之瑰宝》校本课程项目在2013年获评"端州区学校德育特色项目"一等奖；与香港香岛国际交流中心联合打造"学在中华"端砚文化教育交流基地，逐步建立与港澳台地区教育交流与合作平台，推动语言文字教育向国际化发展；我校语文科组陈洪连、曹燕华、黎妙玲老师等人参与的课题《利用地域文化资源，培养小学生口语交际能力研究》获广东省中小学教育创新成果三等奖。

综上所述，语文教研组的文化建设不仅可以增强其凝聚力和活力，对于新课改的长期实施和教育的长远发展有着重要的促进作用。作为一名语文教师，让我们互相砥砺，铸魂固本，提高自己，修正行为，努力实现更远大的目标吧！

【参考文献】

［1］陈宗伟等.校园文化论［M］.石家庄：河北教育出版社.2004.

［2］教育部师范教育司.孙双金与情智教育［M］. 北京：北京师范大学出版社.2006.

［3］赵后乐.农村学校文化建设的探索与尝试［J］.江苏教育，2007（1）.

［4］潘国洪，廖国明.学校文化建设探索［M］.广州：暨南大学出版社.2010.

［5］龚春燕.特色学校与文化建设［J］.重庆市教育评估院.2012.

［6］严子良.如何建设学习型教师团队［M］.北京：中国轻工业出版社.2013.

案例⑮ 肇庆市第七小学语文科组成长实录

探索在"PDCA"循环法体系下构建学科教研文化的研究

肇庆市第七小学 李云媚

学科教研，就是对本学科的教育教学工作进行研究的一项集体活动。开展学科教研的目的是促进教师的专业成长，探求适合学校实际的教学方法、教学模式，解决教师在教学中遇到的具体问题。良好的学科教研文化，对学科教研的开展及成效具有积极推进的作用。但在传统的校本教研中，教师的教研活动始终遵循的是自上而下的活动路线，不少教师对教研并不感兴趣，参与意识不强，内动力不足，表现为一种"常规教研行为"，我们必须改革这种教研模式，构建旨在促进教师专业持续发展的"生态校本教研文化体系"。

那么我们该如何构建良好的学科教研文化呢？又如何使这良好的教研文化一直延续下去呢？这需要学科组内有良好的教育教研生态环境与坚持常态工作优质化的高度愿景，再利用美国质量管理专家戴明提出来的"PDCA"循环法来构建学科的良好教研文化。

一、营造良好的学科教育教研生态环境——学习型组织的建立

营造良好的教育生态环境，这是推行素质教育所必需的，一所好的学校，无论是育人环境还是教师自主研修的内在生态环境，都必须建立在老师们的自觉行为上。

学科教学目标是学科教研工作的方向，只有制订好周密的计划才能有步骤地把学科的教育教学计划落实到位，从而使目标具体化、阶段化。目标既要有学校层面的，也要有教师个体的；既要有教师远期的宏观目标，也要有教师近期的微观目标；既要有专业知识、技能的，也要有专业技术的。计划是构建学科教研过程的起始环节，一份好的教研计划应当使科组内全部教师明确发展的前景和努力方向，它对教师来说既是指令又是指导，还是激励。学校可以打造各学科组为"学习型科组"，制订详细的学习计划，例如，20××年×—×月，规定的学习内容、学习时间，制订一个指引性非常强的共同学习计划，按计划学习完后进行深度的交流。

二、追寻美好的工作愿景——"常态工作优质化"

在良好的学科教育教研生态环境下，把常态工作优质化，对学科教研文化的深化及延续有着至关重要的作用。

1. 完善制度，落实分工

完善的规章制度是科组工作顺利开展的保证，科学合理的分工能使科组的工作有条不紊地顺利进行。这不仅是科学管理的需要，同时也是一种再教育的手段。它能使学科教研组的建设有章可循，有法可依。

2. 学科组长责任制

学科组长对本学科的教学质量和教师专业研究负责，是科组"学"与"习"的第一责任人和先行者。科组长应做到：有组织地开展教研活动，每次

教研活动有主题、有专题，没有外出学习听课的教研时间均要在校内组织教研；以实践课为抓手，认真组织备课、听课、评课指导，每学期不少于15次；组织好教师开展教学评比、公开课的展示活动。

3. 教师尽责制

每位老师每学期必须尽力做到"四个一"，即备好每一节课，上好一节高质量的研讨课，完成一篇教学案例，完成一篇教学体会文章或论文。

4. 教研活动规范制

教研活动做到"一研、三定、四有"。"一研"，即每日固定一个时间段进行学科的教学研讨，时间不长，专门针对当天或者昨天教育教学出现的情况进行研讨；"三定"，即每周的固定教研时间要定时间、定地点、定主题；"四有"，即教研活动有计划、有考勤、有记录、有小结。

在良好的学科教研氛围里，把常态工作优质化，提高教师工作效率的同时，也能提升教育教学水平及专业知识技能水平，是对美好工作愿景的追寻。

三、构建良好的教研文化体系——"PDCA"循环系统管理法

利用"PDCA"循环系统管理法构建良好的学科教研文化体系，可促使学科教研迈上新台阶。

1. "PDCA"循环法的工作原理与工作实践程序

"PDCA"循环的概念最早是由美国质量管理专家戴明提出来的，故又称"戴明环"，也叫质量环。其四个英文字母所代表的意义分别是：P（Plan）——计划；D（Do）——执行；C（Check）——检查；A（Action）——行动（或处理），它是全面质量管理所应遵循的科学程序。它的基本原理，就是做任何一项工作，首先有个设想，根据设想提出一个计划；然后按照计划规定去执行、检查和总结；最后通过工作循环，一步一步地提高水平，把工作越做越好。其主要工作实践程序分四个阶段（见表1）。

表1　"PDCA"工作实践程序四个阶段

阶段	步骤
P阶段	1. 分析现状，找出问题。 2. 分析产生问题的原因。 3. 找出主要因素。 4. 制订措施计划。

续 表

阶段	步骤
D阶段	5. 执行措施计划。
C阶段	6. 调查效果，检查工作中存在的问题和评判执行结果。
A阶段	7. 标准化固定成绩。 8. 提出未来解决的问题，转入下一个"PDCA"循环中持续改进，质量呈阶梯式升级。

2. 构建学科教研文化体系循环图

我们在构建学科教研文化的过程中，总结修正是构建生态化校本教研体系过程中一个周期的终止，预示着下一个周期的开始，起到承前启后、继承创新的作用。承前是在以科学的方法对校本教研工作进行评估后，总结出成绩成效，以便在今后再执行类似工作时进行借鉴；同时，找出工作过程中存在的缺点和问题，提出具体的改进方法，纠正偏差，总结经验教训，探索下一阶段的规律，形成一种在教研中创新、在教研中开拓、在教研中进取的工作氛围。

在"PDCA"循环系统管理体系对教研组教师教育科研工作的规范性管理下，教师各方面都有很大的提升。坚持增强自我学习，积极参加教研活动的教师，无论是自身的实践经验还是专业素养，均有不同程度的进步，在国家级、省级、市级发表论文或参与课题研究的教师明显增多，课堂教学质量也呈逐步上升的趋势。这说明，在"戴明环"管理体系下学科教研组的教师只要不断总结，不断加强学习，积极参与教研活动，发挥其主观能动性和创作力，时刻树立以"学生为本"的教育教学理念，就能迈上新的台阶。

总之，"PDCA"循环管理系统在构建并持续提升学科教研的过程中发挥了重要的作用，也是新教育改革基础上创新的重要的方法，虽然现在在构建学科教研文化的过程中还在摸索研究阶段，但它的发展将对教师个人及学校带来不可估量的效益。

【参考文献】

[1] 赵希河，李庶鸿，魏冰."PDCA"循环在体育教学中的应用研究 [J].
山东体育科技，1996.

［2］徐天中.小学质量管理体系建构与应用［M］.北京.人民教育出版社.2008.

四、区域小学语文教研文化的激励功能

区域小学教研文化具有人文化的属性。因为它的活动形式是人的自我反省和精神对话，它的活动目的是为了教师的自我完善和教学的完美。所以，必须把教研的最高价值定位于人的价值的实现。它激励教师开发自己的创造潜能，在教育教学的研究中发现规律，在教育教学的问题解决中体验成就、肯定自我，从而获得职业的幸福感。

案例⑯ 附四篇教师成长实录

1. 一节教研课给我的启示

肇庆市第一小学 黎结宁

2007年11月16日，肇庆市小学语文骨干教师第八次交流研讨课在肇庆市第十六小学举行，我作为端州区的代表上了一节交流课。这节课是人教版实验教材六年级上册的诗歌《有的人》。这首诗歌是我国著名诗人臧克家为纪念鲁迅先生而作的。

课后，区教研室的教研员杨晓红老师在评课时套用了教育专家叶澜教授"一堂好课要达到的基本要求"的评价标准，认为我这节课上得"扎实、充实、丰实、平实和真实"。她特别指出，我这节课仅试教了两次，连正式上课共三次，在短短的一个星期内，每上一次都有新的进步！她同时也指出我这节课有两处不足：第一，朗读水平有待提高；第二，对文章的研读不够深入。

对于杨老师的点评，我觉得很中肯，很实事求是。其实，接到杨老师的提议要上《有的人》这一课是在7月份左右，本来时间比较充裕，但就是因为时间太充裕了，反而没把这件事情太放在心上！等到新学期开学了，因为要教毕业班，工作比较多，再加上学校要接受上级检查的任务比较多，所以就把上课的事情一直拖到11月初，课也没去备！等到杨老师通知我：11月16日要上课！还问我课备得怎么样了，这个时候我才急了，忙去找课文来读。结果越读越冒

汗，因为这首诗歌虽然不长，内容也不难理解，要想读好却不是件容易的事情！要想通过老师的引导让学生去体会文章的思想感情，要花一定的时间、精力和心思！但是现在离正式上课的时间已经不多了，而我连教案还没出呢！这时真的有点儿后悔自己的怠慢和自以为是了！

11月1日，杨老师要来听我的第一次试教。上课了，开始的时候可能是借班上课的缘故，学生还比较专心，但是越上我就感觉越不对劲了：学生上课没精打采，举手发言的寥寥无几，连读书都是拖泥带水的，课堂气氛异常沉闷！我冒汗了，连讲课的过渡语都说得语无伦次了！一节课下来，整个人好像打了一场败仗一样，垂头丧气的。

课后，学校领导、老师及杨老师都给我评课，虽然大家都没对我做很重的批评，但是我分明看到杨老师平静的脸上掩盖不住一丝丝的凝重！这节课可是代表端州区上的教研课啊！现在这个样子怎么拿得出来给全市的骨干教师看呢？这样上的话，肯定会成为别人的笑柄的！我不禁汗涔涔了。杨老师也似乎看到了我内心的焦虑不安，就详细地帮我分析了这节课不理想的主要原因：牵学生的鼻子牵得太多了！没有放手让学生在读中感悟！真是一言惊醒梦中人，真的，从我的教案就可以看出来了，我上课还是"满堂灌""填鸭式"，没有真正放手让学生读，去理解、去体会文章的内容，学生怎么会有兴趣去学呢？怪不得学生上课一点精神都没有！

根据杨老师和学校领导、老师的意见，我不敢怠慢，马上重新设计了教学思路，修改了教案和课件，很快，一份新的教案就出来了：

【教学目标】

1. 指导学生有感情地朗读诗歌。

2. 谈谈对这首诗歌的理解和读后受到的启发。

3. 了解本文运用的对比手法。

【教学重难点】

1. 体会这种对比手法运用的好处。

2. 感悟作者的感情。

【教学时数】

1课时。

【教学过程】

（一）谈话导入，了解背景

这个单元，我们走进鲁迅，从《少年闰土》《我的伯父鲁迅先生》《一面》，你看到了一个怎样的鲁迅呢？（关心同情劳动人民，痛恨反动统治者，关心鼓励进步青年）鲁迅虽然走了，但他给后人留下了很多很多，有怀念，更有深深的思考。

出示写作背景：1949年10月19日，是鲁迅先生逝世十三周年纪念日，全国第一次公开隆重纪念这位伟大的文学家、思想家和革命家。诗人臧克家目睹了人民群众的纪念盛况，深切追忆鲁迅先生，于是怀着对鲁迅先生的崇敬之情，在11月1日写下了《有的人》这首诗歌，抒发了自己的无限感慨和对人生意义的思考。

（二）初读诗歌，了解大意

1.请大家自由朗读这首诗歌，多读几遍，看看你发现了什么？

2.学生自由汇报读后的发现。

（三）再读探究，体会特点

1.出示第一部分诗歌，指名朗读。

2.思考："有的人活着/他已经死了；有的人死了／他还活着。"你怎么理解这一小节的诗呢？说说这两句诗中两个"活"字和两个"死"字的不同含义。

学生讨论后明确："有的人活着／他已经死了"，指的是骑在人民头上作威作福的人，只是躯壳活着，虽生犹死，生命毫无价值。

而"有的人死了／他还活着"，指的是一生为人民，甘愿做人民的牛马的人，这种人虽然生命不复存在了，但他们的思想、精神永远流芳人间。

3.诗人写出了这两种人各自的什么特点？出示表格：

两种人	表现	结果
第一种人		
第二种人		

4. 小结写作特点：对比的写法，表现了诗人爱憎分明的思想。（板书：对比）

5. 是啊，鲁迅就像一本永远也读不完的书，我们一直都在读，留给我们的却是深深的思考，这个空格就让大家去思考和回味吧！

（四）对比朗读，体会诗情

1.两种人不同的表现对比朗读指导。（出示第2～4小节）

"骑""俯"两字分别说明什么？（"骑"字深刻地揭露了反动统治者骄横的形象和凶暴的本质，刻画了统治者的丑态；"俯"字则刻画了像鲁迅那样为人民服务的崇高者形象）

2. 指导朗读有因果联系的小节。（第2小节与第5小节；第3小节与第6小节；第4小节与第7小节）

3. 小结：作者主要用了对比的手法写出了对像鲁迅那样的人的歌颂，对骑在人民头上的人的痛恨。的确，他活着别人就不能活的人，他的下场可以看到，名字比尸首烂得更早，遗臭万年；而那些死了为了多数人更好地活着的人，却永远被人民记住，可以永垂青史，万古流芳。（板书：歌颂、痛恨）

4.读了这首诗歌，你一定有很深的人生感受，你可以说说吗？

（1）学生自由谈感受。

（2）教师相机小结。

（五）课外延伸，拓展思维

是啊，古往今来，有很多像鲁迅那样的人，他们是怎么活着的呢？请大家大声地自由地读读下列名人名言：

横眉冷对千夫指，俯首甘为孺子牛。

——鲁迅

一个人的生命应当这样度过：当他回首往事的时候不会因虚度年华而悔恨，也不会因碌碌无为而羞愧！

——《钢铁是怎样炼成的》保尔·柯察金

一个人的价值，应该看他贡献什么，而不应当看他取得什么。

—— 爱因斯坦

人的生命是有限的，可是为人民服务是无限的，我要把有限的生命投入到无限的为人民服务之中去。

——雷锋

让我们再来齐读一遍全诗吧。

（六）谈话总结，课外拓展

1. 总结。老师谈自己的感受：通过读鲁迅先生的文章，我也有很深的感受——学了很多读书的方法还有很多做人的道理，我也很诚心地向同学们推荐有关鲁迅的文章，希望大家能做一个对社会有用的人。

2. 推荐阅读有关鲁迅的文章：《人间鲁迅》——林贤治。

到了11月8日第二次试教的时候，我看到了杨老师脸上露出的笑容，但是她还是提醒我："因为这次是用你自己的班上的课，当然会好点了，还是不能大意！还要更放手让学生去读，回应学生的回答要自然，最重要的一点是，老师的心态要摆正，要以平常心去上课。"

一个星期后的11月16日，教研课如期举行，课堂教学效果让人满意，我心中的一块大石头终于落了地。反思自己，真的是"路漫漫其修远兮"，要走的路还很长，要学的东西还很多，扎扎实实地行动才能在教育教学这块土地上耕耘出一片绿洲！

2. 徜徉课堂快乐无限

——执教《风娃娃》磨课有感

肇庆市第十六小学　何佳荫

《风娃娃》一课是我在2006年4月为了参加区、市小学语文青年教师阅读教学大赛而准备的。这节课在区、市的比赛中均获一等奖，板书设计还在区比赛中获得"优秀设计奖"。作为执教者，我不敢评价自己的课上得怎么样，但我觉得在整个备赛过程中，通过一次次的"磨课"，我感受很深，获益良多，特别是对如何把握教材、处理教材有了更深的认识与体会。

《风娃娃》是人教版九年义务教育实验教科书语文二年级上册中的一篇课文。课文以小学生喜爱的故事形式出现，通过描写风娃娃既乖得可爱，又"傻"得可爱，生动形象地向学生介绍了风为人们带来的好处和坏处，让学生懂得"光有好的愿望不行，还要看是不是对别人有用"的道理。

第一次试教课后反思：

这节课试教时是在我任教语文的二（3）班，实际的课堂教学效果给人的感觉好像挺顺利、挺热闹，所以最初上完后，我并没有明显感觉到自己在设计和课堂教学中存在的问题。后来经过罗主任和梁老师耐心详尽的指导，我才逐渐意识到这节课热闹有余、踏实不足，主要存在以下缺点：

1. 仅仅重视了人文性的拓展，对语文教学的基础性把握不够

语文素养的核心是语文能力。如果把语文素养比作一座大厦，那么知识和能力就是大厦的基座，而过程与方法、情感态度与价值观则是上层的建筑。只有基座稳固了，上层的建筑才能建得高。语文教学要以知识和能力训练为主线，同时渗透情感态度和价值观，并将其充分地落实在过程与方法之中。

在这节课上，我仅仅重视了朗读的训练与指导，用了大量的时间进行各种形式、热热闹闹的朗读，相对忽视了识字、词句积累及运用等基础性内容的教学。

2. 缺乏对重点词语的开掘理解，对课文的理解不够深入

让学生形成敏锐的语感是老师们梦寐以求的目标。语感的形成必须从语言文字的细节入手，必须从一个字、一个词甚至一个标点符号入手，方能领略精髓、悟出真味。

词语是构成文章的基本单位，语文老师的一个重要职责，就是带领学生"沉入词语的感性世界"，和学生一起"在汉语中出生入死"，运用多种方法，走进词语的"四度空间"：触摸词语的温度，点染词语的亮度，开掘词语的深度，提升词语的效度，让词语成为学生言语表现的鲜活元素。

词语教学这个环节，在我这节课上的处理就显得有些"浮光掠影"了。我带领学生认读生字词之后，就直接进入课文内容的分析。词语的意义、意味、意蕴，都没有得到应有的开掘。这样的课堂词语教学，呆滞而缺乏生命活力，不免有流于形式的感觉，并且局限了学生对文本更深一层的理解。

最后参赛教案：

【教学过程】

（一）谜语导入，创设情景

1. 猜谜语

师：小朋友们，喜欢猜谜语吗？那我们就一起来猜一个吧！注意听："抓不住他的身子，看不见他的影子，小时摇动树枝，大时推动房子。"

师：（课件边示问题边问）在生活中，你发现风能做什么事？

2. 读课题

师：小朋友们，上节课我们和可爱的风娃娃交上了朋友！今天，我们继续学习第16课，一起去看看他到底是个什么样的孩子！（板书课题）亲热地和风娃娃打个招呼吧！（齐读课题）

（二）复习生词，初读感知

1. 贺卡游戏，读生字词

师：小朋友们把课题读得又响亮又准确！风娃娃也觉得你们很了不起！他托何老师给大家送来了一张张祝贺的卡片！（课件示生字卡片图）聪明的孩子，只要你能把贺卡上的生字词准确地读出来，风娃娃就会把这张精美的贺卡送给你！（采用个别读、男女赛读、小老师带读等多种方式把生字词读准、读熟）

2. 范读感知，归纳板书

师：大家把生字词读得很准！快用热烈的掌声，表扬表扬自己吧！想不想快点儿见到风娃娃呀？赶紧拿起课本，和老师合作读一读这个故事吧！在我们合作读的时候，大家要——（课件展示问题，师读题：专心听、认真读、仔细想：风娃娃去过哪些地方，做过哪些事情？）——何老师读一、二自然段，你们读后面的部分。听了我的朗读，如果你们认为我读得好，请用掌声夸夸我，记住了吗？

师：（范读一、二自然段）谢谢你们！为什么要把掌声送给我呢？能告诉我原因吗？（请个别生自由说）你们的夸奖增加了我的自信！我觉得大家很会听，也很会评！读书的时候，要注意把课文中的每个句子读通顺、流利；要是能带上自己的理解，读出感情就更好了！拿起手中的课本，可以按照老师的方法自己读，也可以和同桌面对面读，还可以和四人小组里的学习小伙伴合作读，从第3自然段开始接着读下去吧！（生自由读文，师板画风娃娃头像）

师：每读一次课文，我们都会有一次新的收获！（指屏幕所示问题）通过我们的合作，你们找到问题的答案了吗？（示句式）谁能按照这个句式说一说？根据学生回答，归纳板书：大风车、船帆、风筝、衣服、小树。

师：（指板书）小朋友们，风娃娃做的这些事情，哪些令人们感到高兴？哪些使他受到了大家的责怪呢？谁来告诉我们？（随学生回答板画：笑容符号、难过符号）

（三）分块研读，读中明理

1. 学习2~3自然段

师：（指板书）风娃娃做的这两件好事，你最喜欢哪一件？用最喜欢的方式读那个自然段！可以大声读、可以小声读，还可以边做动作边读！明白吗？开始读吧！（生自由读）

师：老师很想听听大家这一次读书的收获！谁来汇报？你刚才读的是第几自然段？（根据生自主选择指导学习该段）

（1）学习第2自然段（课件示）。

师：为什么喜欢这个自然段，能说说原因吗？

师：风娃娃是怎么吹风车的，谁能把这个句子找出来读给大家听？（生读句子，课件点击该句）

师：（课件点击"使劲"）哪个聪明的孩子，能把"使劲"这个词换成另一个意思一样的词语呢？（一生答）对啊！"使劲"就是"用力"的意思！你能用换词的方法来理解课文中的词语，真会学习！就按你的理解，配上你认为合适的动作读读这个句子，行吗？（指导该生看屏幕读）老师听到你把"使劲"这个词读得特别重！能告诉大家为什么吗？（该生回答）多好啊！你通过读书，得到了自己的见解，大家同意他的意见吗？那我们也像他这样读读这个句子！分大组比赛读吧！一、二大组先读！（两组读）三、四大组预备起！（两组读）

师：听了大家的朗读，何老师好像看到了正在使劲吹风车的风娃娃！风车转得飞快（出示课件），看着喝足了水的秧苗，风娃娃高兴极了！（课件出笑声效果）这个时候，如果你就是风娃娃，心里会怎么想？（请1生自由说）

师：我们的好朋友风娃娃帮助了秧苗，心里感到非常快乐！大家都感觉到他的快乐了吧！要想更好地体会风娃娃的快乐心情，赶快拿起课本，带上最快乐的表情，读读这个自然段！把我们的快乐用声音传递出来！（生齐读）

（2）学习第3自然段（课件示）。

师：风娃娃使劲地吹着大风车，令秧苗喝足了水，尝到了助人为乐的快乐！他又来到了河边，想继续帮助人们做好事！

师：哪位小朋友能从这段话中，找出描写纤夫拉纤辛苦的句子呢？（1生读句子，点击该句）

师：这个句子中的哪些词语，能让你感受到纤夫们的辛苦呢？谁来说说你的体会？（1生答，点击3个动词）你学习很有方法！这3个都是描写动作的词。你边做动作边读读这个句子，把读书本领展示出来吧！（生看屏幕读）

师：谢谢你投入的朗读！（课件示拉纤片段，拉纤时暂停）小朋友快看啊！纤夫们拉船多辛苦啊！他们会怎样喊号子呢？谁能想象出来？（1~2生自由说）带着我们的理解，男女同学比赛读读这个句子吧！请拿起课本！女同学准备！（女生读）男同学预备起！（男生读）风娃娃看到纤夫们这么辛苦，可船还是走得很慢，他是怎么做的？快仔细看！（课件示吹风片段）

师：纤夫们得到风娃娃的帮助，会怎么感谢他呢？（2生说）风娃娃得到大家的感谢，更高兴了！请小朋友们拿起课本，我们一起高兴地读读这个自然段，和好朋友风娃娃分享助人为乐的快乐吧！（齐读）

师：你们动情的朗读打动了老师的心，我觉得快乐的风娃娃好像就在我们中间！我要现场采访一位风娃娃："风娃娃，你好！你为什么感到快乐？说说你的心里话吧！"（请学生自由说）

2. 学习4~8自然段

（1）学习第4自然段。

师：做了这么多好事，受到这么多人的夸奖和喜爱！风娃娃可得意了，当时他是怎么想的？谁从课文中找到答案了，快举手告诉大家。

（2）学习第5~7自然段。

师：谢谢你！原来，他认为只要有力气使劲吹就能帮助人们做好事！这种想法对吗？（生齐答）为什么不对？谁来说说？（1生答，师归纳：要帮人们做好事，只有力气使劲乱吹可不行。做事前要动动脑筋，看要做的事对别人有没有好处，不然就会好心做坏事了！）小朋友们说的道理风娃娃可不明白！我们一起来看看他到底做了哪几件惹人讨厌的事？（课件示5~7段）谁愿意读给大家听？想读哪一段就大胆、自信地站起来读吧！欢迎你展示读书本领！

师：假如你在广场上放风筝，风娃娃把你的风筝吹跑了！你会怎么说他呢？谁能说说？（个别生回答）是啊！人们晒的衣服也被吹丢了，新栽的小树也被吹断了，大家都会怪风娃娃，课文中用了一个词表达了这个意思，你找到了吗？（个别说：责怪）对！这就叫责怪！

（3）学习第8自然段。

师：（课件示悲伤风娃娃）风娃娃一心想着帮人们做好事！可没想到，大家都在责怪他！连小朋友也不喜欢他了！谁想读读最后一个自然段？（个别生读）你充满感情的朗读深深地打动了大家的心！能不能告诉我们，你读的时候心情怎么样？（该生回答）

师：谢谢你提供的读书经验！小朋友们，就让我们拿起课本，带着伤心又委屈的心情，一起读读这个自然段！帮我们的好朋友分担悲伤吧！（生齐读）

（四）拓展延伸，总结全文

1. 写卡片，传心声

师：（戴风娃娃头饰）小朋友们，你们都是我的好朋友！都是乐于助人的孩子！人们为什么会责怪我呢？谁能告诉我啊！快帮帮我吧！（请个别生，随机穿插师生互动语言，引导生说出道理）

师：谢谢你们的帮助，我已经认识到自己的错误了！我知道还有很多好朋友有话想对我说！（课件示卡片）请好朋友们拿出桌面上的心意卡，把你最想对我说的一句话写下来吧！不会写的字可以用拼音代替！要争取写得又快又

好！写字的时候，我想提醒每一位好朋友：要保持端正的写字姿势和准确的执笔姿势！（生写卡片，师巡视）

师：写完的小朋友请拿着卡片到讲台前来，我给你准备了一份小礼物，表示感谢！（根据时间——安排生站好，发给奖品）

师：还没写完的小朋友请先放下笔，和我一起认真听听他们的建议，会听的孩子就是会学习的孩子！比一比谁是最文明的小听众！好吗？（对生说）快把你写给我的话读出来吧！（个别生读，适当评价）

师：孩子们，非常感谢你们热心的帮助！以后不管做什么事，我都会记住：既要动手还要动脑，这样才能把事情做好！我希望，每个小朋友都能吸取我的教训！遇到事情要多动脑筋！

师：（课件出示高兴的风娃娃）在大家的帮助下，我又变得高兴起来了！你们说，我还会不会继续帮人们做好事呢？（生齐答）那我可能会去哪里，做哪些好事呢？谁来猜一猜啊？（根据时间安排生发言，适当评价）

2. 归纳小结

师：这节课，咱们班的每个孩子都和我成了好朋友，还尝到了帮助朋友的快乐！这些都是非常宝贵的收获！课后的作业，就是请你把我这个好朋友介绍给你的爸爸和妈妈！也把你的收获和他们分享！好吗？还没写完心意卡的小朋友，可以回家接着写！明天带回来和四人小组里的学习小伙伴交流交流！记住了吗？这节课就上到这里，下课！

【赛后反思】

从最初的试教开始，经过三番五次的修改与试教，我这节课最终通过了区的比赛，获得了继续参加市教学比赛的资格。赛后，区教研室的杨老师把我参加区赛的比赛实录制成光碟，和我面对面对照实录，一个片段一个片段地回放，落实到我的每一个教学环节，甚至包括我的表情、动作，都不厌其烦地对我再一次进行指导。罗主任和梁老师逐字逐句地对我修改后的教案反复斟酌、锤炼。在大家的帮助下，我最后参加市比赛时的教学设计与第一次相比，有了以下的特点：

一、指导学法，贯穿全课

"授人以鱼，不如授人以渔"。我深知好的学习习惯是能让孩子们一生受益的。本课无论是课前谈话中"好的资料，与人分享，一个人的知识会变成大家的"，梳理课文时"插图是很好的课程资源"，还是朗读指导时"边想象画面边读文字，边读文字边想象画面，把看到的想到的感受到的放入句子读""你通过读书，得到了自己的见解"，以及指导写字时，"写字的时候，我想提醒每一位好朋友：要保持端正的写字姿势和准确的执笔姿势"，都体现了对学生具体学习方法的指导。这样的课堂，这样的教学，让学生可以马上学以致用，一节课的收获并不仅仅局限于这一课的内容。

二、多元解读，以评促读，以情促说

新课标指出：阅读是学生个性化行为，不应以教师的分析代替学生的阅读实践，应该让学生在主动积极的思维和情感活动中，加深理解和体验，有所感悟和思考。修改后的教学重点以字、词、句的训练和朗读训练为主。

抓住"慢慢转动、断断续续、弯着腰、流着汗、使劲、责怪"等词语进行品读，"使劲"着重体会风娃娃急人所急、乐于助人的美好品质；"责怪"帮助学生理解风娃娃伤心难过的心情。

以说促读，进一步设身处地地理解风娃娃的所作所为。特别重视评价语言的设计，让学生想读、敢读、有机会读，回应每个学生的朗读，并通过自己不同的评价，引导学生读中感悟，以悟促读。纵观本课，我的以评促读的目的达成效果较好，学生读得一次比一次有进步。

紧紧抓住课文的空白点想象练说，如让学生想象风娃娃不同时期的心情、想象纤夫拉纤的情景等。这样的设计，让孩子们驰骋想象体验角色，一步步从感性体验走向理性认识，不仅依附文本很好地实现了对学生进行语言训练的目的，而且很好地帮助孩子们加深了对文本的理解，使学生读得更好、说得更多、懂得更深。

三、合理运用多媒体，促进学生发展

1. 我的课件画面精美、音乐动听、音效悦耳，使学生在学习的过程中既学到了知识，又获得美的享受，大大提高了学习积极性

添加了适当动画配音的风娃娃，一颦一笑形神俱备，牢牢吸引了孩子们的眼球，让孩子们深深喜欢上了风娃娃这个好朋友，从而更好地理解了风娃娃的所作所为。

在识字读词这个很枯燥的环节中，精心设计了生动活泼、互动性极强的"贺卡游戏"，也特别注重音效的设计与添加，给学生带来了活力，激发了学

生的学习欲望，达到掌握生字的目的。

2. 利用插图梳理课文，一目了然。关注课程资源，提醒、训练孩子们借助课文插图了解课文内容，拉近文本与学生之间的距离

例如，"纤夫拉船"的场景，我们的学生在生活中没见过，根本无法体会到纤夫们的辛苦。因此，我的课件中出现课文中的插图，利用图片给学生以强大的视觉冲击；而且有纤夫拉船的动画片段，纤夫们饱经风霜的脸、艰苦的劳动环境，深深地感染了孩子们。学生在观看动画、研读重点词语后，再朗读句子"他们弯着腰，流着汗，喊着号子，船却走得很慢"，就能很好地对纤夫的辛苦有所感悟，使他们在朗读中很好地读出了纤夫的累及他们对纤夫的同情，使他们了解风娃娃此时雪中送炭般的帮助，使他们更喜欢风娃娃的热心肠，使他们也想有一颗愿意帮助别人的善良之心。

四、精心设计有实效的延伸课堂教学

好的课堂教学延伸能够拓展文本内容，开阔学生视野，这节课的延伸设计立足于对课程内容的准确理解、对学生认知能力的准确把握之上，定位在让学生给风娃娃写一张"心意卡"，与开始时"风娃娃送贺卡的游戏"首尾呼应。一节课的学习，已经让孩子们和风娃娃成了同喜同悲的好朋友，心中引起了强烈的共鸣，借这个机会把最想对好朋友说的话写一写、说一说，这种情感与心灵的共鸣与沟通，对准确理解文中的道理、突破难点无疑是具有巨大帮助的。这样的课堂教学延伸，真正发挥了它的实效！

回顾这一节课，我结合阅读教学的特点，十分关注学生情感的生成、个性的体验、生活的联系，把学语文和学做人融为一体。课堂上一直把朗读作为训练的重点，教学设计紧扣"读"，借助各种形式的朗读，让学生熟悉文本内容，在读中感悟，在读中理解，在读中体验，在读中训练语感，层层深入，循序渐进。

同时，我注意了情境的创设，充分发挥导学的功能，让学生带着问题、带着方法、带着要求来读书，读得有目的、有内容、有体验；紧抓"说"，引导学生读中见悟，表达认识；巧用"演"，教师演，学生演，营造情境，体味心情，促进理解。

在课堂教学中还注重对学生语言的积累（如边读边说、边演边读）及对学生想象能力和创新能力的开拓（如写话）。总的来说，这节课学生的学习兴趣

还是较高的，而且能够主动参与各种学习活动，乐于学习，积累能力、实践能力和想象创新能力都得到了一定程度的提高。

一个教师的成长，离不开公开课这个特殊的舞台。为了上好这节课，在一次又一次的打磨与反思中，我的课堂教学能力逐步得到了提高，对语文教学也逐渐有了一定的新认识，初步形成了自己的风格。

回顾这个过程，真的感觉非常不容易！在一次次的反复否定与锤炼中，我经常感到迷茫、疲惫甚至想退缩。所幸一直有良师相伴，从2004年我第一次参加阅读比赛开始，一个个一等奖面前是我灿烂的笑容，背后则有良师们的舒心微笑。正是因为有了教研室杨老师、十六小黎主任、罗主任、梁老师等一批关爱我的人的耐心引领，才让我得以轻叩小学语文教学的大门，徜徉在生机盎然的语文课堂上，为这片无边的美景流连忘返。未来的路还很长，作为一个在新课程改革理念光照下的年轻教师，我将不断努力为孩子们提供一个温馨、和谐的人文环境，倾注更多的人文关怀，激发起孩子们的情感渴望，点燃孩子们的心灵火花，让语文成为学生们人生成长的维生素；用全人类文化的神韵去滋润孩子们的心田，引领他们登堂入室，领略人类文化大厦的恢宏气势和神奇美丽，充分享受徜徉人类文化之中的无穷乐趣。

让我们的课堂教学成为师生共度的生命历程，共创的人生体验；让学生在学习语文的过程中体验到学习的乐趣，我期待着和孩子们一起终身学习，感受快乐！

3. 让学生诗意地栖居在我们的语文课堂上

肇庆市奥威斯实验小学　罗　洁

《去年的树》是人教版语文实验教材第7册的课文。这篇童话主要通过对话展开故事的情节，推动故事的发展。全文一共有四次对话。课文所说明的道理也在这四次对话及后来鸟儿的表现中逐步显现出来：告诉我们做人要信守诺言，珍惜朋友之间的情意。

细细品味，一种哀婉动人的心绪会萦绕在我们心头，久久挥之不去。究竟是什么打动了我们的心？我想这个故事打动我们的应该不只是鸟儿的信守诺言，还有一种生死不渝的友谊。当友谊超越了生死的界限，就成为感人肺腑的永恒情怀，成为巨大的精神力量。在被文章感动的同时，我也在思考如何引导我的学生从读文中感悟到这份浓浓的深情及文章的寓意。

刚开始，我满怀信心，但试教下来，才发现并不是这么一回事。我发现，课文本身包含的信息量很大，因此它的解读是多元的，如要信守诺言、珍惜友情；要保护环境、爱护树木，人与自然和谐相处、共同发展；无私奉献；乐观态度；为光明正义而牺牲是伟大的；为朋友的光荣献身而感到骄傲等。但基于避免蜻蜓点水式的解读文本，结果学生什么都没有理解深刻；基于课文内容与学生的生活实际有些距离，又很难激发学生情感。面对课堂上生成的诸多问题，我渐渐陷入迷惘：究竟如何上好这节课？

所幸的是，迷惘中的我得到了端州区教研室杨晓红老师，市十五小罗丽华副校长（特级教师）、凌琳老师及市十五小一大批优秀教师的指导。与她们反复交流后，这节课的教学理念渐渐明朗。紧紧抓住"重诺言、守信用，珍惜朋友间的情谊"为教学的情感主线，有了新的教学思路设计。

在新的设计中，充分体现了"以生为本，自主发展"的教学思想，深化"阅读教学是教师、学生、文本之间的对话过程"这一新课程标准的理念。在教学过程中，学生通过自读感悟、角色对话、演读体验、拓展想象等过程，感悟文本中所蕴含的语言美、思想美、意境美，从而实现学生心灵与文本之间真诚的对话。

新课标提出"语文是工具性和人文性的统一"，就我的理解，有的课文偏重于工具性，有的偏重于人文性。因此，语文老师要把握好侧重点。《去年的树》则是侧重于人文性的课文。因此，为了体现这一点，我决定运用动画《去年的树》，目的是让学生深深体会诚信和友情。

我试图在课堂中把学生带入文本，带入作者的心灵。因此，我把指导学生朗读作为重点，让学生带着忧伤、带着对大树的同情深深地去体会、去感悟。另外，新课标要求每一位教师"珍视学生独特的感受"。所以，课堂教学的高潮（在最后三个自然段的学习中），我设计让小鸟面对灯火，唱起了去年唱的歌。这里三个自然段文字很简单，却给了读者极大的想象空间。这里既是情感的爆发点，更是情动辞发指导学生练笔的训练点。我让学生读，学生质疑：①鸟儿为什么睁大眼睛盯着灯火看了一会儿？②鸟儿看到灯火为什么还要唱去年唱过的歌？③鸟儿为什么飞走之前盯着灯火看了一会儿？学生提问，学生解答，教师适当引导，这里体现了学生的自主性学习。最后我还安排了一个想象说话和小练笔的环节。让学生在阅读结束后写写自己想对小鸟、大树、人类或作者说的话，以起到读写结合、总结提升的作用。当学生在与文本、与教师的对话中产生了情感上的共鸣，就会有强烈的"我想说，我要说"的自主表达欲望，这时安排的"小练笔"无疑是最有必要也最有效的。

附 教学设计

一、创设情景、导入新课

1．师：同学们今天老师给你们带来一对朋友，看，他们是谁？（板书：鸟儿、大树）听，（媒体播放）鸟儿又在为他的朋友大树唱歌了，鸟儿的歌声是那样的动听、那样的深情。大树呢，正入神地听着……这是一幅多么和谐、美丽的图画呀！在这对好朋友之间发生了一个怎样动人的故事呢？让我们一起走进课文第11课《去年的树》。

2．齐读课题。（板书课题）

二、自读课文、多元对话

1．请大家尽情地读读课文，与课文交流、对话。（出示阅读提示）

2．交流初读心得：你读懂了什么？

三、演读课文，倾心对话

1．师：这对好朋友的感情是那样的深厚。可是寒冷的冬天就要来了，鸟儿必须离开他的好朋友，飞到很远很远的地方去，他们正在告别，同学们你跟好朋友告别时的心情是怎样的？（依依不舍、难过……）

小结：他们告别时是那样依依不舍，因为他们是——好朋友。

2．回来：

漫长的冬天终于过去了，鸟儿飞回来了，可大树呢？

（1）（出示：鸟儿与树根的对话）引导学生体会不见好朋友时的伤心。

（2）在读中体会鸟儿与树根的心情。（找好朋友读、分小组读）

小结：听了树根的话，鸟儿又是怎样做的呢？结果呢？

3．寻找：鸟儿一次又一次地找不到他的好朋友，同学们你一次又一次找不到朋友时，心情会怎样？（伤心、焦急）

（1）谁有信心把鸟儿的这种心情读出来？

（2）生读。

（3）加深体会鸟儿对大树的友情：

① 可大门的回答令人多么伤心呀！往日的参天大树，先变成了细条条儿，再变成了一根根的火柴。（播入动画）

师：这细条条儿、这火柴还是鸟儿的朋友吗？如果你们是鸟儿的话，你们还愿意去找吗？愿意的举手。

② 为什么呢？他已经不是往日的大树了，何必这样千辛万苦地去找呢？

③ 你们想快点找到大树吗？（想）让我们一起来呼唤大树。你怎么呼唤呢？

（生呼唤大树）

小结过渡：也许是鸟儿的努力，也许是同学们的呼唤，终于鸟儿在小女孩口中打听到火柴的消息了。这部分对话，老师和大家一起来读。（出示鸟儿与小女孩的对话）你们是鸟儿，老师是小女孩。（师生分角色读）

师：从小女孩的回答中，你知道了什么？（大树——火柴——用光了）

师：同学们，老师不得不被他们的故事感动，老师相信你们也一样。让我们再来把鸟儿"回来——寻找"这部分对话在四人小组里分角色读读，你们可以自己选定一个角色练一练。开始吧。（学生四人小组练读）

师：你们的对话多么投入啊！谁愿意来做一回鸟儿在教室里一边飞一边找朋友对话？你可以用你的话，也可以用课本的话。（生演课本剧）

四、引导想象，补充对话

师：鸟儿鸟儿，你现在看到灯火了，剩下的内容，老师来说，你来演，有信心吗？

（出示最后三段）

（师生合作演课本剧）

师：他的表演是多么精彩，请你把刚才老师读的再用心地读读。你读懂了什么？你有什么疑问？

主要解决问题：

1. 鸟儿看到灯火为什么还要唱去年唱过的歌？

2. 第一次"盯"着灯火"看"时，鸟儿在想：_____？

3. 鸟儿唱完了歌，为什么还看了灯火一眼才飞走呢？鸟儿又在想：____？

小结：多么守信用的鸟儿啊！大树有这样的一位朋友真幸福。

五、拓展延伸、多向对话

同学们，在我们生活中，你对朋友许过诺言吗？想想看，你实现了没有？

六、回归课题，升华理解

鸟儿的这种品质多么值得我们学习，你们有什么话想对鸟儿说吗？同桌互说→全班交流→写一写。

一节课下来，我觉得教学目标比较切实地完成了。学生能很快地理解、分析课文中的词句，并感受到小鸟和大树之间的种种情感。很不足的就是：对"正确有感情地朗读课文"这一块的设计不到位，平时训练不够。我仔细想了想，认为今后应该特别注意以下几个方面：

1. 重视整体把握和时间的安排。对要进行的每一个教学环节先进行估计，想想这一个步骤可能会用去多长时间，做到心中有数。这样在实际教学中，教师就会有意识地、有序地进行教学，保证教学内容的顺利完成。

2. 重视学生平时的朗读训练。

3. 注重评价语的丰富和激励作用。作为一名教师，课堂评价语应该比较丰富，要尽量预设好学生的回答与提问，并想好评价语。长此以往，评价语定会丰富而有激励作用。

4. 阳光总在风雨后

肇庆市第七小学　陈　健

一

10月的一天，学校召开科组长会议。会议决定学校继上学期与佛山九小"名校带动，提升品位"的启动仪式，这学期将大胆地"走出去"，与佛山九小、佛山人民路小学进行两地三校"大校本培训"活动。这次活动就"有效教学"的研讨进行"同课异构"的交流，而我要代表学校送课到九小。听了这个决定，本来愉悦的心情一下烟消云散。有效教学？这个概念在我头脑中模糊不清，我该如何上好这一节课？我心中闷闷不乐，犹如被一座大山压着，几乎喘不过气来。

二

虽然压力很大，但工作不能丢下不管。接下来的日子，我变得更忙碌了。每晚吃过饭，我便一头扎进房间钻研教材、着手备课（经过商讨，我上课的课题是三年级上册的《给予树》），因为我知道，每设计一节课，教师首先就要融入文本、走进文本、理解文本。这是上好一节公开课的前提条件。

教案初步整理出来，让我头疼的是怎样制作课件呢？同事婉霞告诉我，她搜集了这方面的资料，我一听，喜从天降，几位电脑技术特别好的同事主动帮助我制作课件，一大难题就这样解决了。

三

11月上旬的一天，我开始了第一次试教。学校许多老师及区教研员杨晓红老师也来听课了，上课的效果不太理想。课后，杨老师问我："陈老师，上完课你有什么感觉？这节课，你的教学目标是什么？"一语惊醒梦中人，对呀，要设计一节有效甚至高效的课，首先就要目标简明、清晰（这节课，我要教什么？学生要学什么？）。而我设计的教案，目标太多太复杂，不但要求学生体会到兄弟姐妹之间、母子之间的爱，而且要求学生体会到主人翁金吉娅对陌生女孩的爱。三年级的学生能理解吗？同时，我在教学过程中，虽然比较重视朗读感悟，我过分偏重了语文教学的人文性，却把语文教学中最基础的工具性忽略了。一节好的语文课，应该是人文性和工具性的相统一，学生在听、说、读、写等方面要有不同程度的发展，这才是一节有语文味的语文课。语文教学应该是返璞归真。随后，杨老师向我提了一些很好的建议。在那一周的教研活动中，学校其他老师也纷纷向我提出建议，我一一做了记录。我对教案做了修改，重新设计了一个新的教案：

给予树

（第二课时）

【教学目标】

1. 抓住"沉默不语、善良、仁爱、同情、体贴、如愿以偿"等重点词句理解课文内容。

2. 读课文，能在教师的指导下感受金吉娅关爱他人的美好品质。

3. 积累语言，练习写话。

【教学重难点】

通过妈妈感情的变化，体会金吉娅关爱他人的美好品质。

【教学过程】

（一）导入课文

1. 同学们，今天我们继续学习31课《给予树》。

2. 什么是给予树？课文讲了谁给予谁什么帮助？带着这两个问题，请大家自由地朗读课文。

3. 指名回答。

（二）学习课文

1. 金吉娅为什么要给予陌生小女孩帮助？请用"＿＿＿"画出金吉娅说的话。

2. 自由朗读金吉娅说的话，边读边思考：从金吉娅说的话中，你读懂了什么？

3. 金吉娅给予陌生女孩一个洋娃娃，她却不能为妈妈和兄弟姐妹买到像样的礼物，她的心情是怎样的？

4. 老师想当一下金吉娅，读读她说的话，你们愿意听吗？

5. 师范读，生评价。

6. 齐读。

7. 课件出示课文插图，老师手里拿出一个洋娃娃，说："当善良的金吉娅把一个可爱的洋娃娃交给援助中心的阿姨时，她会说些什么？"

8. 指名学生表演说。

9. 师述：亲爱的金吉娅，你毫不犹豫地把洋娃娃送给陌生小女孩，你家很富裕吧？

10. 学生找出有关句子回答。

（1）出示句子。

（2）作为妈妈的"我"，心情是怎样的？

（3）谁能把这句话担心地读一读？

（4）小组读。

11. 家里并不富裕，金吉娅却给予了一个陌生女孩最大的帮助，在回家途中，她和兄弟姐妹的神态有什么不同？请用"＿＿＿"画出两个四字词语。

（1）理解：兴高采烈。

（2）理解：沉默不语。

12. 看到沉默不语的金吉娅，妈妈的心情变得怎样？

（1）找出有关句子。

（2）男女生比赛读。

13. 金吉娅到底用这二十美元做了什么？事情很快真相大白了。妈妈的心情又变得怎样？（出示最后一段）

14. 为什么说金吉娅给予了我们善良、仁爱、同情和体贴？

15. 联系上下文理解"如愿以偿"。

16. 此时此刻，老师就是金吉娅的妈妈，谁愿意做我的女儿，再次向妈妈倾诉心声？当我的女儿向我倾诉完后，请其他同学读最后一句，再次赞美我的女儿吧。

17. 同学们，这棵给予树上挂满了一张张孩子们的心愿卡，这一张张的心愿卡代表了什么？

（三）拓展训练

1. 出示写话训练。

（1）陌生小女孩终于得到盼望已久的洋娃娃，她会说些什么感谢的话？

（2）假如金吉娅见到小女孩，她会说些什么？

2. 学生任选一题写话。

3. 学生交流写话内容，评价。

（四）作业

第二天，圣诞节到了，假如你是金吉娅的妈妈，假如你是金吉娅的兄弟姐妹……你打算怎样把这件事告诉别人呢？

（五）总结全文

1. 插放音乐《爱的奉献》。

2. 因为有了给予，才有了爱；因为有了爱，才会有更多的给予。这节课就让我们带着这些爱走出这个课堂吧。

11月15日是学校的开放日，当天，我上了这一节公开课。这次，在教学设计方面进步很大，目标清晰了，符合三年级学生的学习要求；整个课堂较好地把工具性和人文性相结合，学生的听、说、读、写等能力既有了不同程度的发展，又深深地体会到金吉娅对他人的关爱之情；以倒叙方式，开门见山，直奔重点段落，抓住主要线索——妈妈心情的变化，设计情景把重点词语如"沉默不语、善良、仁爱、同情、体贴、如愿以偿"等巧妙地贯穿于课堂教学中；在拓展训练环节设计不同角度的写话，学生既可以站在陌生小女孩的角度，写出陌生小女孩对金吉娅的感激之情，也可以站在金吉娅的角度，抒发对陌生小女孩的关爱之意。学生我手抒我心，从低层次的单纯的理解字面意思升华为感受和体验。可是，由于我个人比较紧张、缺乏经验，学生的积极性没能充分地调动起来，课堂气氛比较沉闷。又一次失败！上完课，我走到杨老师跟前，带着歉意说："杨老师，对不起，让您失望了。"杨老师并没有责怪我，只是微微一笑。然而，我的心中更加难受了。

四

学校决定，11月19—20日两天，我随杨老师一起到封开送课。听了这个消息，又一股压力向我迎面扑来。我心中产生了一种害怕的感觉，害怕失败。临出发的前两天，杨老师打电话给我，她问我是否听了×××老师上的公开课，我说听了。杨老师继续问："你留意到他上课时是怎样调动学生的学习积极性了吗？"我无语。挂了电话，我把自己关在房里，闭着眼睛细细地回想×××老师上课的情景。同时，杨老师曾经说过的一句话在我耳边响起："我觉得我是在享受上课。"是呀，一节有效的课，除了精心的设计，教师在课堂上的驾驭能力和自身的感染力也是至关重要的。于是，我不断地对自己说："我是在学习，我是在提高自我能力。"

经过不断调整心态，我在封开及佛山九小上的公开课效果比较好。在课堂上，我与学生更加亲近，与学生更能平等地交流，与学生不断擦出更多的火花。

五

这次"同课异构"的交流活动，我经历了失败，也品尝了成功带来的喜悦。同时，在我的人生旅途中，我深深地感受到：纵使命运让我跌倒100次，我也要在第101次抗争中站起来，阳光总在风雨后，只要以这种热爱的力量去对待我的工作，相信我一定会在工作中取得进步！

案例⑰ 肇庆市第十五小学语文科组名师辈出的启示

肇庆市第十五小学是一所百年老校，从语文教学的角度来说，是广东省有名的名校，涌现出一大批语文教学的名师。先看看下面的一份名单：

罗丽华：广东省特级教师，首批小学副高级教师，执教的代表作有《海底世界》等，退休前是肇庆市第十五小学的副校长、端州区小学语文教研会会长。

刘浩宁：现任端州区教育局体卫股股长、端州教育党委委员，是端州区代表肇庆市参加小语省赛的"零的突破"的功臣，2002年执教参赛课文《可爱的草塘》获得广东省第四届小学语文阅读教学比赛二等奖。

张建华：广东省特级教师，现任肇庆市奥威斯实验小学校长，是肇庆市西江拔尖人才、端州区优秀人才，肇庆市、端州区的名校长。执教和辅导教师参赛的课文很多，是省内知名的校长和语文教育专家。

罗洁：现任肇庆市奥威斯实验小学副校长，肇庆市名班主任工作室主持人，2006年执教的阅读课《去年的树》获得肇庆市阅读教学比赛一等奖，习作课获得全国录像课比赛二等奖。

凌琳：广东省特级教师，广东省凌琳名教师工作室主持人，肇庆市首批名教师，现任肇庆市端城小学副校长，端州区首批优秀人才，端州区小语会副会长，省"百千万人才培养工程"名教师培养对象。执教过很多经典课例，2008年《自己的花是给别人看的》获得第七届广东省小学语文阅读教学比赛一等奖，是省内负有盛名的小语名师。

连剑宇：现任肇庆市第十五小学教务处副主任，端州区小学语文高年段兼职教研员。2010年参加广东省第二届青年教师素养比赛获得特等奖第二名，是肇庆市历年参赛的最好成绩。执教《临死前的严监生》获得第八届广东省小学语文阅读教学比赛一等奖，是市内公认的语文学科带头人。

杨菲：现任肇庆市第十五小学级长，2012年执教《怀念母亲》获得肇庆市语文阅读教学比赛特等奖。

梁宝珠：现任肇庆市实验小学副校长，2013年代表肇庆市参加广东省第五届青年教师素养比赛获得一等奖，是肇庆市名师培养对象。

陈碧灵：广东省名班主任，凌琳名师工作室成员，现任肇庆市第十五小学教务处副主任，端州区第四片区教研负责人，在省内执教过多个课例并获得好评。2016年执教口语交际课《童说童话》获得广东省第二届教学观摩一等奖。

伦咏梅：现任肇庆市第十五小学语文科组长。2017年参加肇庆市青年教师素养比赛获得一等奖。

彭曼妮：南粤优秀教师，端州区名教师，端州区小学语文名师工作室主持人，现任肇庆市第十三小学副校长。执教的多个课例在省内展示获得好评。

石磊：现任肇庆市第十五小学副校长，代表肇庆市参加首届广东省班主任技能比赛获得二等奖，肇庆市小学语文网络名师工作室主持人、肇庆市班主任工作室主持人，是肇庆市、端州区学科带头人。执教的多个课例获得区的奖励和省录像课一等奖。

叶桂方：现任肇庆市奥威斯实验小学名师工作室主持人，代表肇庆市参加广东省班主任技能大赛，成长故事部分获得全省第一，执教的多个省市研讨课获得好评，是端州区语文学科带头人。

纵观肇庆市第十五小学名师辈出的现象，给我们带来如下启示：一是学校优良传统的传承，关注学校优良传统的传承，才能不断培养名师、学科带头人。二是注重发掘语文教师的长处和优点，加以重点培养和展示，让他们在不断的展示中成长。三是注重团队的打造，个人在团队中不断变换角色，受到多方面的锻炼，综合素质得以提升。四是注重团队中领头人的培养，能凝聚人心、力量，带领团队不断向前。

五、区域小学语文教研文化的优化功能

优化是指采取一定措施使之变得优异。区域小学语文教研文化的形成和发展过程中，一系列的措施、制度、平台、氛围等，造就了人人积极参与教研，努力提升专业素养，广泛认同职业的满足感和幸福感，语文教育的质量也得以提升。区域小学语文教研文化让语文教师在成就学生成才的同时，也成就自身的专业发展。

案例⑱ **附三位特级教师的成长叙述**

1. 在成长中"蜕变"
肇庆市第十六小学　罗俏仪

肇庆市第十六小学是广东省一级学校，有许多比我年长而又经验丰富的优秀教师。回顾自己的成长历程，二十多个年头，从一名新教师到年级组长到语文科组长到教导处副主任、主任再到副校长，一步一个脚印，慢慢成长起来，有领导的鞭策鼓励，有自己的虚心好学，有前辈们的辛勤指导，有自己的不懈

追求。从"独上高楼，望尽天涯路"的迷茫困惑，到"衣带渐宽终不悔"的执着求索，再到"蓦然回首"的冷静反思，经历了一次次的"蜕变"。在这个过程中，我有过困惑，感到过无助，想过退缩，经过挣扎历练，逐步厘清了自己真正心之所向的"愿景"，明确自己的目标，内心通过不断重新聚焦，审视自己的现状，调整自己的心态与固有的思维方式，不断学习，激活自己的潜能，积极寻求自我突破的方式，通过学历进修、读书、模仿名师、磨课、开展研究、培养青年教师等途径，不断超越自我，促进自己的专业成长。

一、在学习中"蜕变"

（一）学习身边的榜样

知"耻"近乎勇，有勇气认识到自己的不足，才能勇于"胜己"。当我从师范毕业踏进肇庆市第十六小学开始，就感受到这所学校的老师工作态度严谨。事事追求卓越，这与我追求完美的个性相符合，使我很快融入这个集体。但作为新教师，我深感自己的不足，特别是在课堂上，我总是觉得"理论有余而实践经验不足"。我的目标是以有经验的优秀教师为榜样，让自己尽快成为一名"十六小的教师"。十六小就像一个大熔炉，我耳濡目染的是老教师们一丝不苟的工作态度、团结拼搏的工作作风，他们在课堂上的风采让我惊叹，对学生的循循诱导让我佩服。因此，我虚心向他们求教，每天都主动去听课，首先是模仿他们的教法，"复制"他们的课堂，学习怎样上好一节课；然后在课外认真阅读教学参考书，把握教学目标、了解教材特点；还有，平时注意"偷师"，多看、多听、多想，遇到问题多问、多请教，就这样"摸着石头过河"，渐渐"入门"，使自己从一名"师范生"成为"十六小教师"，完成第一次"蜕变"。

（二）学习专业知识技能

来到十六小的第二年，学校领导对我委以重任，让我当二年级的级长，领导的赏识与重用，为我提供了发展的空间与平台，使我激发了十分强烈的自我专业发展需求感，让我变压力为动力，对自己的要求更高了。作为级长，首先是我任教的班不能比同级的其他班差，然后是自己的教学能力必须得到同级教师的认同。就这样，我重新审视自己的状况，明确努力的方向，不断增强学习的动力，扩展自己的创造力。我感到自己要成长，就要像树木一样，把根须伸展到泥土中，不断吸收营养、水分，才能茁壮成长。所以我积极参加各类进修学习与教研活动，课后勤练"内功"，每天坚持读书，不断充实自己。

师范毕业走上讲坛后，我感觉自己的知识不成串，功底不够深，教学起来捉襟见肘、力不从心，这会直接影响教育质量。所以，我没有停止自己的求学步伐，坚持一边教学一边读书，努力提高自己的学历层次。学历学习与教学实践相结合，使我的理论水平与教学水平快速提高，让我的课堂变得更有深度与广度，上课时能出口成章、旁征博引，深深地吸引了学生。

"学海无涯"，我每天都坚持读书，我读了大量关于教育教学的书籍，如《给教师的建议》《名师备课经验》《教师的20项修炼》《名师课堂实录》等，我还征订了多种教育教学类报刊，如《小学语文教学》《小学语文教师》《教学参考》等，利用课余时间进行阅读，并认真做好读书笔记。我不仅读专业方面的书籍，也喜欢读文学、历史、自然科学、哲学等方面的书籍，在阅读中开阔视野、夯实功底、丰厚底蕴。我坚信只有"厚积"才能"薄发"。

"台上一分钟，台下十年功。"为了提高自己的教学能力，我刻苦进行各项教学基本功的训练，坚持在课堂上给学生范读课文，训练自己的朗读水平；坚持课内、课外多练习粉笔字与钢笔字，课堂上板书的每一个字力求规范、美观；平时还特别注意提高自己的语言表达能力、教学组织能力、教学设计能力及作业设计能力。经过日积月累的训练，逐步提高了自己的教学技能，使自己的课堂语言更加生动、富有感染力，板书设计更工整、美观，上课时更加挥洒自如，课堂效果更加显著。

（三）学习名师的智慧

为了提高课堂教学的有效性，我不断加强学习，积极争取各种外出学习的机会，到广州、深圳、广西等地观摩全国小学语文阅读教学比赛与全国优秀教师的示范课例，并听取了多场报告、讲座，学习先进的教学理念、教学方法。窦桂梅老师的主题教学、王崧舟老师的诗意语文、薛法根老师机智幽默的课堂、管建刚老师的创新作文教学、吉春亚老师扎实有效的课堂训练……名师们的精彩课例引发了我对语文有效教学的新思考。我开始"模仿"名师的课堂，博采众长。我还经常通过互联网，利用博客、跟帖等方式与名师进行交流，探讨教育教学的热点问题。

通过各种形式的学习——学历进修、读书提高、修炼"内功"、模仿名师等，我在工作中学习，在学习中提高，在课堂上体验乐趣，在教学中体现自己的生命价值，让自己在成长中再次"蜕变"。

二、在磨课中"蜕变"

课堂是教师的主阵地，站稳教坛，上好每一节课，提高课堂教学效果是每一个教师的主要职责，而提高教师教学能力最快捷、最有效的途径就是"磨课"。二十多年来，我参加了无数次磨课，以上课者、听课者、指导者、合作者等不同身份参加，曾经磨过"比赛课""公开课""精品课""常态课"等，无论是以何种身份参加，打磨什么课例，总有不同的感受、不同的收获。然而每一次磨课的过程都是在迷惘困惑中挣扎、在思想的旋涡中斡旋、在新旧经验的冲突中发现新知，过程很痛苦，过后却感到成功的快乐，觉得自己从不断超越中有了质的改变，有种"先痛而后快"的解脱感，犹如春蚕经过结茧、化蛹，最后蜕变成美丽的蝴蝶，展翅高飞。

例如，1996年10月，只有三年教学经验的我被学校推荐参加端州区小学语文优质课比赛，抽到上《科利亚的木匣》一课。接到任务后，学校领导首先让我自己备课，然后由校长、主任、科组长和一些经验丰富的语文老师组成"磨课小组"听我试教。在上完课后，领导、老师们对我这节课提出了很多的质疑，认为我对本课教材解读得不够深入，教学设计没有亮点，板书设计不够精练，甚至在引导学生方面也欠缺技巧……第一次试教被这群"师父们"批得"体无完肤""颜面无存"。这让我这个面皮薄、自尊心又特强的人，感到十分沮丧，非常挫败，甚至哭了，怀疑自己没有能力上好比赛课。冷静下来后，我开始分析大家的意见，十六小是全区最好的学校，这次我是代表学校去参加区的比赛，领导、老师们对我的期望与要求都很高，我不能退缩。细想他们的意见只是针对这节课而已，也只是实话实说，不需要说一些没用的奉承话，他们只是让我诚实地直视事情的真相，使我明白自己的不足，找到差距，并为我指出修改的内容，给我指明前进的方向，他们和我的目标是一致的，都是想在比赛中获得好成绩，我应该好好感谢他们！就这样，我不断与自己进行心灵对话，认清自己的现状，调整自己的心态。然后我结合大家提出的意见，再次对教材进行分析，查阅教学资料，重新进行第二次备课、上课。课后，"师父们"再次对我的课各抒己见，校长还邀请了区里有名的教师来给我指导，他们对这节课的导入、问题的设计、每个环节的衔接、练习的安排，甚至对学生的每一句评价语言、每一个细节，都一一给我建议。这次，我从不同的角度看待

"磨课"，放下了自己那所谓的"自尊"，抛开了自我防卫，改善了自己的心智模式，欣然接受大家的意见，并再次对教案做出修改。接着是第三、第四、第五次备课、试教、讨论与修改，在循环不断的磨课中，我遇到困惑时大胆向"师父们"请教，对"师父们"的不同意见，我会进行分析与思考，选择合适的建议。就这样，经历一次又一次的备课——上课——研讨——再备课——再上课——再研讨，经过一轮又一轮的讨论——修改——再讨论——再修改……经历过挣扎、困惑、怀疑、思考、尝试，发现原来可以从这样的角度解读文本，可以这样处理教材，可以这样设计教学环节，可以这样……一次次顿悟的过程就是自我超越的过程。最后呈现给听课者和评委的比赛课凝聚了众人的智慧，是"十六小"这个团队智慧的结晶。赛课后，我惊喜地发现，经历了磨课的过程，自己的教学理念和驾驭课堂的能力明显成熟了，自信心增强了，研究热情高涨了，自己像换了个人似的，就像凤凰涅槃、浴火重生一般。

二十几年来，我一直致力课堂教学研究，并不断参与磨课活动，通过一次次与专家、教研员、名师、优秀教师的对话交流，经过磨教材、磨思想、磨教法、磨教学设计、磨教学过程、磨语言锤炼……我对如何把握教材、如何调控课堂、如何运用语言又有了新的感悟。磨课的过程虽然艰辛，但我感受到集体合作的快乐，感受到大家在不断的思维碰撞中所获得的点点滴滴的进步……磨课是教师集体反思的过程，是教师集体成长的过程，也是每一个教师化蝶的过程。每一次的磨课，都让我经历了一次"蜕变"，使我能轻盈地飞翔在教学的天空。真是"玉不琢，不成器；课不磨，不精彩；铁不煅，不成钢；人不炼，不成长"。

三、从"演员"向"导演"蜕变

一直以来，我都立足课堂，不断进行课堂教学研究，从参加区级比赛到参加省级比赛，从每年的"一人献一课"到展示课、精品课，从当初照搬、模仿名师实录到现在能抛开教参，独立解读教材，形成自己的教学风格。随着教龄的增长，我经历了一年级到六年级的几次循环教学，每一册教材都进行过研究，慢慢地丰富了自己的教学经验，而且也顺利通过了"小高职称"的评审。渐渐地，我放慢了成长的步伐，觉得自己步入了"高原期"，甚至有点停滞不前的感觉。直到后来我当上了语文科组长，继而到教导处副主任、主任，再到副校长，负责学校的教学、教研、科研、校本培训等工作，新的任务、新的担子成为一股强大的推动力，让我不得不迈开成长的脚步。而在这一阶段，能让我突破自己、不断超越自己的是指导青年教师参加区、市级各类比赛。我从一名曾在台上赛课的老师，慢慢转变成在幕后指导青年教师赛课的"师父"。在角色转变中，不断努力，与青年教师一起进步、共同提高、教学相长，使我从"演员"向"导演"蜕变。

我校每位青年语文教师上公开课、送课下乡，参加优质课评比、基本功大赛等，我都一一参与，从不缺席他们的磨课过程，从教材解读、教案设计、试教、评课到修改教案，甚至语言的锤炼、语调的变化、板书的每一个字、课件的制作等，都进行耐心指导，并通过组织错位教学、同课异构，开展互动辩课、评课，让他们从每一次的磨课中获得体验，得到提高，使他们在各自比赛的课堂上自信饱满、挥洒自如，都分别连续多届荣获区级、市级比赛的一等奖。就这样，我以"导演"而非"主演"的身份参与一轮轮"听课——思索——寻求解决方法——讨论——修改"的磨课过程，这种不同于以往"当局者迷"的磨课经历，让我从"旁观者清"中，不断提高、不断突破，让我对教学的理解不仅仅停留在"只知其然"，更是"知其所以然"。而我在这些年的磨课中，"导演"角色日臻成熟，对各学段教学的理解更加深刻，对各种课型的设计更加灵活，教学基本功更加扎实，教学技能更加娴熟，教学风格更具个性化，课堂教学有了质的飞跃。

2. 教学反思

肇庆市第十一小学　杨裕琴

从1994年踏上教坛至今，任教语文已有24个春秋。从教的24载岁月，我曾在梅州市丰顺县丰良中心小学参加"异步教学"改革实验，在肇庆市睦岗镇中心小学和肇庆市第十一小学参加国家义务教育语文课程改革实验。在参与改革的过程中，有过惊喜，有过困惑，更有过茅塞顿开的喜悦。

一、体验：乱花渐欲迷人眼

刚刚师范毕业的我，被分配到了我们镇的一所中心小学任教。我因基本功扎实而被选为"异步教学法"改革实验教师。"异步教学法"这种能体现学生自主学习过程的现代教学模式，使我所任教班级学生的自主学习能力和学习自信心不断增强，语文期末考试成绩位居镇的第一名，我尝到了教学改革带来的甜头。

毕业后的第五年，因夫妻异居，我调到了肇庆市睦岗镇中心小学任教。很快，新课程改革开始全面启动，各级培训使我更新了观念。"自主、合作、探究""情感、态度、价值观""体验、创新、实践"等新名词不断冲击着我。我自信地认为，以我扎实的功底，完全可以让自己的课改课堂变得鲜活起来。于是，我加入了轰轰烈烈的课改行列，语文课堂呈现出教学形式"百般变化"、教学方法"花样百出"、课堂讨论"百家争鸣"的热闹场面。

2002年10月，我在全校教师面前上了一节课改研究课——《秋天的雨》。这节课我制作了精美的多媒体课件，设计了"朗读——讨论——展演——画画——拓展"五个环节的教学。首先我让学生选择自己喜欢的方式读课文，然后一声令下，让学生根据自己喜欢的段落组成小组进行合作学习，再以比赛的方式，让学生戴上头饰进行展演。接着让学生拿出课前准备好的画画用具开始画自己眼中的秋天。最后，我还在拓展环节教学生唱《秋天多么美》这首歌曲。一节课下来，学生既忙于找小伙伴合作学习、戴头饰演课文，又忙于画画、唱歌，热情高涨，课堂非常热闹。当时的我自认为此课运用了多种教学形式，并充分给予了学生自主学习的机会，这就是符合课改精神的语文课。

二、反思：山重水复疑无路

随着课改的不断深入，经过自己不断的实践、体验与研究，我对《新课程标准》的理解逐渐渗透，开始反思自己的教学。在《秋天的雨》这节课上，我利用多媒体展现给学生各种声音、动画、文字，虽说极大程度地满足了学生的视听等感官需求，但分散了学生的注意力，淡化了学生的学习意识，缺少了对语言反复的品味和涵泳。我让学生采用小组合作的方式进行学习、展演，却没有对学生学习方法做一定的指导，课堂"开放"了，学生"自主"了，学生分析问题、解决问题的能力却没有得到提升。学生在课堂上又唱又演又画，却占去了很多阅读文本、研析文本的宝贵时间，这样做只是舍本求末，种了别人的田荒了自家的园。难道这就是我追求的语文课吗？不，肯定不是！但我找不到出路，为课改的"乱花渐欲迷人眼"而感到无比的迷茫。

我不甘于现状，开始认真研究、探索，并不断改进课堂教学实践，撰写了数十篇教学反思与论文，开展了多项课题研究，对新课改理念理解得更为深刻。这时，我开始以"以学生为中心，坚持继承创新，强化素质能力，注重知识交融，促进个性发展"为培养理念，进行了新一轮的改革实践。

比如，在教《半截蜡烛》这一课时，我把全文分成三个片段，以组成导演团研读剧本的形式进行合作学习。由于学生的心理位置换成了课文中人物的心理位置，学生对教材内容迅速形成表象，很快理解了课文内容。在教《两小儿辩日》这篇课文时，我借助了地球仪和足球，让学生自行操作，寻求课文中辩日的答案。通过学生的参与，变静为动、变枯燥为生动、变抽象为具体，激发了学生强烈的好奇心；在教《陶罐和铁罐》时，我让学生在理解课文后给动画配音，激发学生读的兴趣，调动学生主动参与的情感……

以上三个课例以学生为本，分别采用了角色扮演法、借助实物法和给动画配音法，构建了开放而有活力的课堂，激发了学生读的兴趣，更好地发挥了学生的潜能。

三、回归：柳暗花明又一村

不久，语文界针对语文课程改革中出现的种种倾向，对"本色语文、简单语文、返璞归真"的呼声逐渐高涨。这使我感到了"柳暗花明又一村"的豁然开朗。经过不断的反思、修正，我的教改思路更为清晰。我整体架构文本，以课文中的感情变化，或情节发展、人物行为、文章结构为主线，抓住一两个重点内容进行板块式教学；或从课文中找出一两处最能折射全文的语段，反复诵读、反复叩问、反复感悟，使其发挥牵一发而动全身的功效。比如，在《搭石》一课2～4自然段的教学时，紧扣"搭石——构成了家乡的一道风景"这一中心句设计了两个板块。板块一："景美"。通过朗读、感悟句子，理解"搭石"所展现的看得见的美的画面；板块二："心灵美"。通过找找、读读、说说等方式体会村民们默默奉献、互相礼让、尊老爱老的美好心灵。这种教学设计是分支式的，一问有多答，一项任务可能出现不同的努力方向和解决路径。这样的板块设计，为精彩的生成提供了无限可能。

后来，我更加积极地探索课堂教学的高效模式，努力营造和谐的教学氛围，让所有的学生都积极主动地参与到学习中来，让不同层次的学生都拥有发展的机会。经过不断的实践探索，形成了"读—品—悟—练"灵动的课堂教学模式。该模式的基本流程为：初读课文，整体感知；深读课文，品味内涵；赏读文段，领悟写法；自主创作，多元评价。

比如，教学《金钱的魔力》一课，第一步：在学生自读课文后，检查生字词的掌握情况，并引导学生概括课文的主要内容。第二步：深入学习课文内容，把握托德和老板见钱眼开、唯利是图的性格特点。第三步：引导学生细细赏读课文的第6自然段，了解作者通过夸张、比喻和抓人物动作、神态等方法来刻画托德的笑的写作方法。这一步又分为四个板块进行：①读懂托德的"笑"。这一板块的设计是为了唤醒学生的语言积累，为学习文中作者对"笑"的独特描写做铺垫。②读懂作者怎样写"笑"。让学生感受作者独特的写作密码：写皱纹，加想象，用比喻、夸张的手法突出托德的见钱眼开。③研读名著《红楼梦》及同龄人写的关于"笑"的片段，进一步领悟"笑"的不同写法。④写法运用。让学生也来当一回作家，描写自己印象中最有特点的一个表情（如他笑（哭）了……，她乐了……，她生气了……）。第四步：通过师生评、生生评等多元评价方式，引领学生打开思路、拓展空间、实现创新。

语文的学习离不开教师有意识的语言训练。以上这个课例中，我充分发掘教材中描写人物特点的精彩片段，巧拨善导，让学生运用本课习得的方法进行迁移练笔、读写结合，既加深了对课文的理解，也提高了学生运用语言文字的能力。教学中，我灵活运用知识、技能、情感的动态生成为教学服务，学生学得兴味盎然，整个课堂呈现出灵动、和谐的氛围，受到了听课老师的高度评价。

四、展望：姹紫嫣红春满园

"一枝独秀不是春，姹紫嫣红春满园。"展望未来，责任与追求同在。作为肇庆市名教师和学校的副校长，我将充分发挥示范、引领和辐射作用，深入研究教材教法，带领学校和端州教师追寻更加灵动、和谐的语文课堂，丰润师生的语文人生。

3.个人教学反思

肇庆市端城小学 凌 琳

弹指之间，我已踏上讲坛27年了。这27年里，我老老实实地做个小学语文教师，踏踏实实地耕耘着自己的事业。时至今日，做一名小学语文教师仍是我的最爱。回首27年的教学经历，我与大多数老师一样经历过教案至上、教材至上的迷途，现在的我追求的是语文课堂上学生与自己的共生发展。

一、教案至上让我忽视了学生的存在

教案至上是刚踏上讲坛的老师最易犯的一种毛病。讲课中总担心自己的教学流程能否讲完，总担心自己会忘记了哪个环节、哪句过渡语，这种状态下的老师是目中无人的。刚参加工作的我就是这样一个目中无人的老师。我会花很多时间去备课，也会花很多时间去记忆教学流程，但我从来不研究学情，不管学生会不会，我只管自己按部就班地完成我的教学过程。这样的课上下来，自己都觉得索然无味。最难忘的就是我的第一次大型公开课《笋芽儿》的试教，为了把教学流程走完，为了把教案中每一句过渡语说完，我把一节40分钟的语文课上成了65分钟，看到学生在座位上按捺不住地想出教室，看到后面的指导老师们耐心地听着我的课，我心里非常难受。评课时，指导老师们一个劲儿地安慰我，还不断提醒我：你回想一下，课堂上哪些知识是学生已经知道的，是不是可以略去不讲呢？还有一位指导老师特别给我演示了"抽出"一词，让我注意"抽出"是从下往上长，在板书时，不能画反了。这个细节我一直记得，我从中悟出了两点：一是教学要关注学生的学情，不能自顾自地背教案，否则课堂就会失去灵魂，变得死气沉沉；二是教学还要注意细节，哪怕是画个简笔画，也要尊重客观事实，因为学生认为老师教的都是对的。那时候的我，忽然觉得课堂是严肃的，也是严谨的。

之后的语文课，我一直提醒自己关注学情，关注细节，在课堂上做个目中有人的老师。

二、教材至上让我忽视了语文学习的本质

在取得中级职称之时，我的教学风格已有了雏形。在那段时间里，我的课成了大家公认的好课。那个时候，我在备课时却不敢跳出教材半分。上出来的课的确有行云流水的效果，但自己总觉得缺少点什么。有一次，我去听了张老师的《月下独酌》，听完后我觉得震撼！40分钟的课老师不光讲了《月下独酌》，还讲了李白的《独坐敬亭山》等，学生不但读了，而且说了、写了、背了，这一节课让我陶醉，也因此悟出：语文课不一定只讲教材，适当地跳出教材进行拓展，会让语文课增色不少。语文教学离不开听说读写的训练，一味地执迷于教材，语文课会变得狭窄，学生的所得就非常少。那次之后，我每次备课总会阅读大量与文本相关的资料，包括类似的文章、作者的生平、文章的出处等。之后我在教学《自己的花是给别人看的》的时候，我就去看了季羡林先生的《留德十年》，在这部书籍中，我读出了季老先生对德国的依恋，对祖国的眷恋。也让我在设计教学流程的时候有了许多新的想法，最终呈现出来的课堂教学效果也让大家满意，获得了广东省第八届青年教师阅读教学大赛一等奖。之后我在教学设计的时候都会特别注意这一点，像《临死前的严监生》，我进行了类文对比阅读，训练学生的比较能力；执教《黄鹤楼送孟浩然之广陵》时，我进行了古诗改写的拓展阅读，让学生领悟古诗语言的凝练、意境的悠远；执教《金钱的魔力》时，我进行了影视的拓展，让学生明白文字可以留给人更多的想象空间。

三、大道至简是实现师生共生发展的途径

当"沉稳中见活泼"成了我个人的教学风格后，我便有了更多的机会去指导青年教师。每每听完青年教师的课，我总会不厌其烦地给他们做细致的点评，在点评中，我说得最多的就是尽量把教学过程设计得简洁一点，最好只保留框架，尽可能把握好课堂的生成，使课堂生成成为教学的资源。

对于这一点，我也是深有体会的。有一次，我与工作室的一名跟岗学员做同课异构《写一个熟悉的人》。学员先备了课，光PPT就多达数十张，可是她依然不满意，依然有很多顾虑和疑虑：学生能听懂吗？学生能写出来吗？怎样引入才能更自然呢？

对于她的这些顾虑和疑虑，我在她的PPT基础上，进行了大刀阔斧的修改，只保留了枝干，然后就拿去上课了。课堂上我尽量抛开教学设计，让自己捕捉学生的每一次发言，并将这些发言变成我的教学素材，40分钟下来，学生的才思敏捷、妙语连珠让听课老师纷纷咂舌。课后，学员称赞我引导得好，而我就反问她："好在哪里？我没说什么啊！"我让她把我的教学思路整理出来，让她发现我的教学围绕着"情景设计、探讨研究、口头表达、练笔习作、总结归纳"而展开，每个教学环节清晰可辨，又环环相扣；而学生是这些环节的主要参与者。老师讲的不多，但都讲到了点子上，这样比一张张播放幻灯片进行讲解更有效。通过这个课例，我明确地告知学员，教学目标不能太大太虚，教学设计简洁就好，教学流程花哨只会埋没学生的才华。

近几年，我的语文课简化了教学目标和教学流程，但教学效果越来越好。课堂上，教师认真聆听、留心观察、转化生成都是教学技能提升的表现，而学生在课堂上敢想、敢说、敢读、敢写、敢演、敢辩也是学科素养的体现。

27年的教学经历，我大胆尝试了不同的课型，乐于进行课后反思，勇于修正自己教学中的不足，尽管经历过"教案至上""教材至上"的困窘，但庆幸我找到了"简洁的课堂",这才是适合自己和适合学生发展的。

仔细分析上述三位特级教师的成长之路,不难发现他们都具有如下几个特点:

(1)个人有专业发展的追求和目标,在教学工作上精益求精。几位老师都是教学方面的好手,但他们不轻易满足自己取得的成绩,心中有追求,踏踏实实地干,最终成就了自己。

(2)个人成长离不开一个优秀的团队。凌琳、罗俏仪老师分别在十五小、十六小两个优秀的团队成长起来,这个团队最大的特点在于大家愿意将鲜花和掌声送给努力的人,凌琳老师和罗俏仪老师就是在团队的鲜花和掌声中逐渐成长起来的。

(3)个人的发展离不开一个好的平台。一个老师干得好不好,如果没有一个平台供他展示,估计只能"养在深闺人未识"。我们所说的这个平台就是一次次的工作的转折点,一次公开课、一次比赛、一次成果的推广等,让更多的人认识了他们。

第五章
区域小学语文教研文化的影响

一、对区域小学语文教师专业发展的影响

2016年，端州区参加了国家义务教育质量监测，全区有12所小学抽为样本校，进行了四年级语文学生学业及相关因素的调查。现把有关教师因素部分的数据列举如下：

1. 语文教师入职学历和专业对口情况

监测结果显示，端州区四年级语文教师入职学历达到国家规定标准的比例为96.9%，高于肇庆市均值27.1个百分点，高于广东省均值13.6个百分点，高于全国均值12.8个百分点。

2. 语文教师的教学行为

本次监测调查了四年级语文教师的教学行为，重点调查语文教师使用探究性教学行为的情况。监测结果显示，端州区四年级语文教师探究性教学行为使用频率较高，和一般的比例之和为100%。

3. 语文教师职业感受

本次监测考查了四年级语文教师的工作满意度和留职意愿。监测结果显示，在工作满意度方面，端州区89.7%的四年级语文老师对工作感到满意。

在留职意愿方面，在问及"如果让您重新选择，是否还愿意当语文教师"时，端州区78.0%的四年级语文教师表示愿意继续当语文教师。

以上数据表明，端州区小学语文教师学历达标，教学理念和行为符合语文教育规律，大部分教师有职业的认同感和幸福感。

二、对区域小学语文教育质量的影响

2016年，端州区参加了国家义务教育质量监测，全区有12所小学抽为样本校，进行了四年级语文学生学业及相关因素的调查。现把有关学生语文学业表现部分的数据列举如下：

本次监测采用量尺分数和水平等级两种方式呈现学生的语文学业成绩。2016年监测样本学生的语文平均成绩为500分，标准差为100分。采用国际通用的程序和技术方法，将学生语文学业成绩划分为四个水平等级，从高到低分别为优秀、良好、中等、待提高。

1. 学生语文学业总体表现

从量尺分数看，端州区四年级学生的语文学业成绩平均分为525分，处于良好水平。

从表现水平看，端州区四年级学生语文学业表现水平中等及以上水平的比例为89.7%，大部分学生处于良好水平。

2. 学生在语文学业不同指标上的表现

本次监测的学生语文学业表现包括识字写字能力、古诗文诵读能力、文学类文本阅读能力、实用类文本阅读能力、书面表达能力等指标。

监测结果显示，从表现水平来看，端州区四年级学生识字写字能力达到中等及以上水平的比例为88.6%，古诗文诵读能力达到中等及以上水平的比例为80.7%，文学类文本阅读能力达到中等及以上水平的比例为88.6%，实用类文本阅读能力达到中等及以上水平的比例为89.9%，书面表达能力达到中等及以上水平的比例为89.4%。

从以上数据表明：端州区小学生语文学业水平处于良好的水平，这与教师的教学行为有很大的关系。多年来营造的区域小学语文教研文化对区域小学语文教育质量有着正影响。

【参考文献】

［1］杨建国.基础教育课题研究的方法与实践.［M］.广州：广东人民出版社，2016.

［2］郑金洲.教育文化学［M］.北京：人民教育出版社，2014.

［3］周海玲.制度下的教师文化［M］.济南：山东教育出版社，2006.

［4］《人民教育》编辑部."核心议题——教研转型"［J］.人民教育，2016（20）.

［5］徐辉，吴乐乐.基础教育教研工作转型发展的路径思考［J］.课程·教材·教法，2017（1）.